21 世纪高等学校规划教材

机械工程制图基础习题集

主　编　管　华
副主编　张苏华　和　丽　于建国
参　编　许纪倩　尹常治　万　静　杨　皓

机械工业出版社

本习题集与万静主编的《机械工程制图基础》配套使用，主要内容包括：制图基本知识与投影基础，组合体，机件常用的表达方法，标准件及常用件，工程图的绘制与阅读，三维建模与装配等。精选和继承了多年来行之有效的各类练习题，新增了二维草图和三维参数化特征建模、三维装配的内容，形式多样，内容丰富。

本书可作为高等工科院校近机类、非机类专业的教材，也可供其他类型学校有关专业师生和自学者使用。

图书在版编目（CIP）数据

机械工程制图基础习题集/管华主编．—北京：机械工业出版社，2006.6（2009.8 重印）
21 世纪高等学校规划教材
ISBN 978-7-111-19222-0

Ⅰ．机…　Ⅱ．管…　Ⅲ．机械制图-高等学校-习题　Ⅳ．TH126-44

中国版本图书馆 CIP 数据核字（2006）第 053925 号

机械工业出版社（北京市百万庄大街 22 号　邮政编码 100037）
策划编辑：余茂祚　责任编辑：余茂祚　版式设计：冉晓华
责任校对：佟瑞鑫　封面设计：马精明　责任印制：洪汉军
北京市朝阳展望印刷厂印刷
2009 年 8 月第 1 版第 3 次印刷
370mm×260mm・8 印张・187 千字
8001—11000 册
标准书号：ISBN 978-7-111-19222-0
定价：14.00 元

凡购本书，如有缺页、倒页、脱页，由本社发行部调换
销售服务热线电话：（010）68326294
购书热线电话：（010）88379639 88379641 88379643
编辑热线电话：（010）68354423

前　言

为了适应21世纪科学技术发展的要求，高等院校对机械制图课程的教学提出了更新的要求，不仅要求学生掌握传统的机械制图理论和方法，还要求学习计算机造型技术的基本原理，掌握基本立体的造型过程和方法，掌握二维和三维形状构思、设计、创新的方法，掌握使用造型软件进行组合体和简单零件的造型和装配。

为了适应新的教学形势，我们在多年的三维设计基础教学（以Inventor为设计平台）经验的基础上，编写了适应新的教学要求的《机械工程制图基础》教材，该教材将画法几何及机械制图、计算机绘图、三维实体设计等相关课程有机地融合为一体，参考国内外最新的制图教学内容，对非机类机械制图课程体系进行了调整和整合，体现了时代特征和实用价值。

为与教材配套，我们编写了《机械工程制图基础习题集》，本习题集与教材教学内容紧密结合，习题集对传统机械制图习题进行精简，增加计算机制图和三维实体设计的新内容。因此，本习题集是一本适应新的教学要求的、面目一新的机械制图基础习题集。

目前市场上，缺少将工程制图理论与三维设计软件整合编写的习题集，有关计算机制图大多是二维计算机绘图，缺少应用三维设计软件，进行三维建模方法训练的内容。本习题集弥补了这方面的不足，为培养学生的手工绘图、计算机绘图、三维造型能力提供了保证。

参加本习题集编写的人员有：张苏华（编写一、六），杨皓（编写二），和丽、许纪倩（编写三、四），管华（编写五），尹常治（编写七），于建国、万静（编写八、九）。

本习题集对画法几何、机械制图、计算机绘图，特别是三维造型内容进行了整合，更具有时代特征，更好地适应培养掌握现代三维设计软件技术人才的迫切要求。

国内各工科院校的近机类、非机类专业均可采用本习题集。

由于编者水平所限，书中难免会有疏漏和差错，敬请使用本书的教师和广大读者批评指正。

编　者

目　录

一、制图基本知识与技能

1-1 基本手法练习

班级　　学号　　姓名

1. 要求

(1) 掌握绘图工具的使用方法以及仪器绘图的操作方法。

(2) 熟悉机械制图国家标准关于图纸幅面、图线、比例、字体、尺寸注法的规定。

(3) 学会几何作图以及平面图形的画法和尺寸注法。

(4) 作业要严肃认真，一丝不苟。要布图匀称，图线美观，字体工整，图面整洁，养成良好的画图习惯。

2. 作图步骤

(1) 将图纸用透明胶带固定在图板左下方(见图1)，然后按标准幅面画出边框线和图框线，并在图框的右下角画一标题栏，其格式见教材 图1-5。

(2) 先用细实线打好底稿，然后加深。加深时线型应按先曲后直、先粗后细的顺序进行，为了提高工作效率，对于同一类线型可一起完成。

(3) 标注尺寸，书写文字，最后对全图进行校核。

3. 作业说明

(1) 本作业纸印刷制版时已经缩小，作业时要用 4号图纸，按要求的比例作图。

(2) 尺寸数字用3.5号字书写。

(3) 标题栏内的字体大小规定如下：
图名和图号用 10 号字，班级名用 7号字，其余用5号字。

(4) 作业全部用铅笔做。

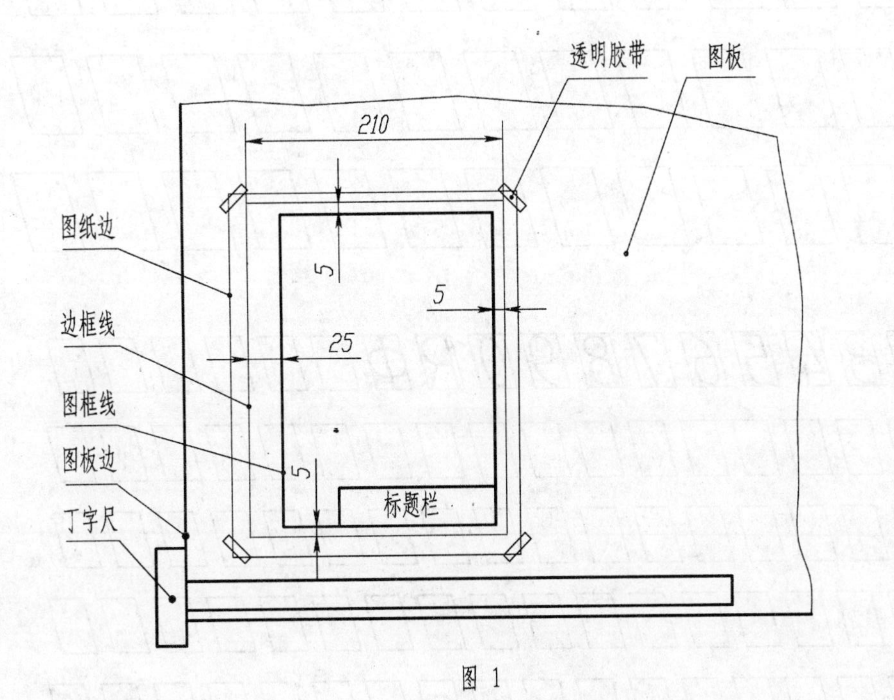

图 1

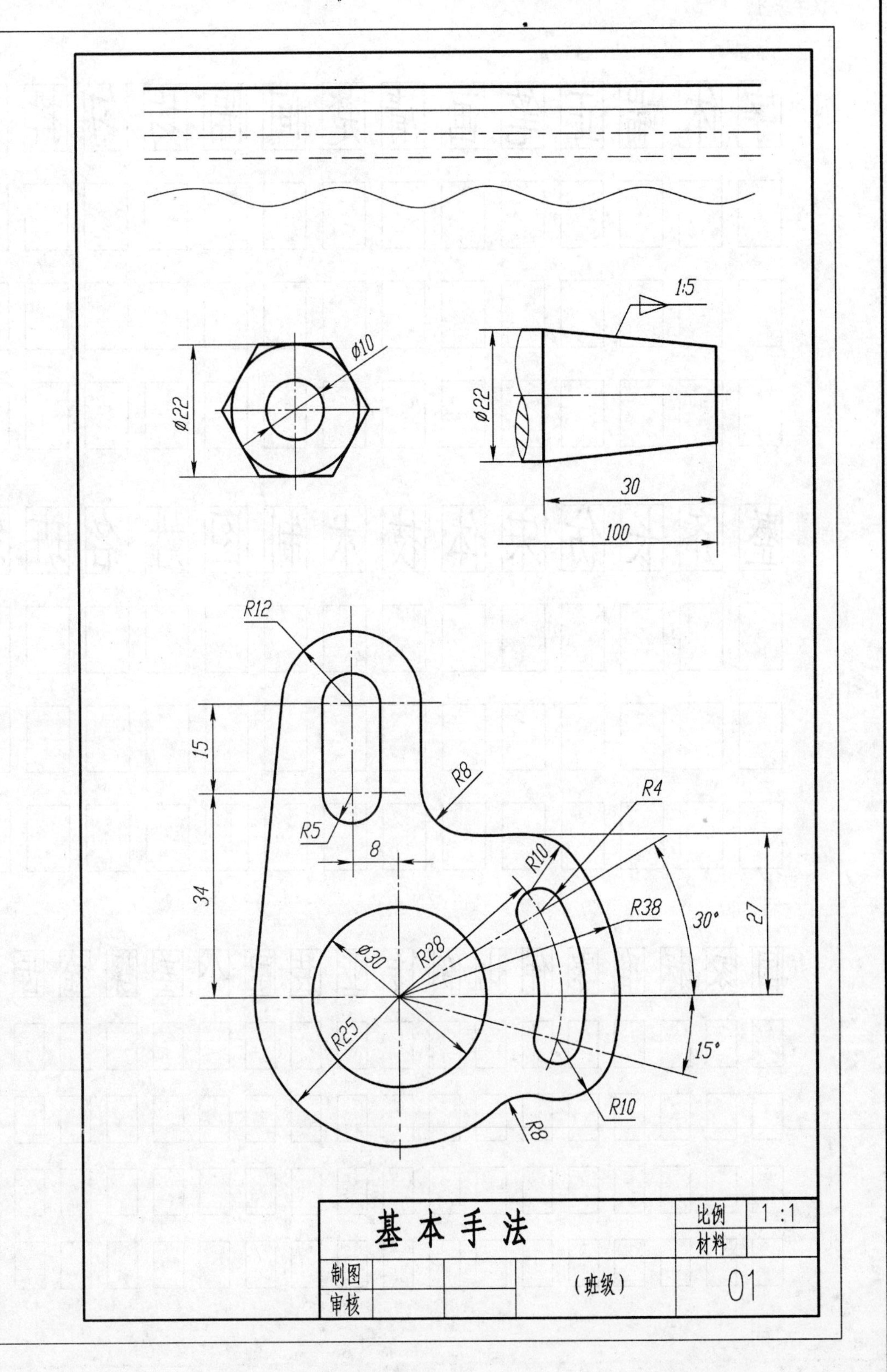

1-2 字体练习（要求用HB铅笔书写）

班级　　学号　　姓名

1. 汉字练习。

字体端正笔画清楚间隔均匀排列

整齐长仿宋体技术制图姓名班级

国家标准零件比例专业装配公差螺栓齿轮

2. 数字和字母练习。

1 2 3 4 5 6 7 8 9 0 R Φ

1-3 尺寸标注

班级　　学号　　姓名

1. 分析尺寸标注的错误，在下图中进行正确的标注。

2. 将下列图形的尺寸标注齐全（尺寸数值由图中按1:1量取整数）。

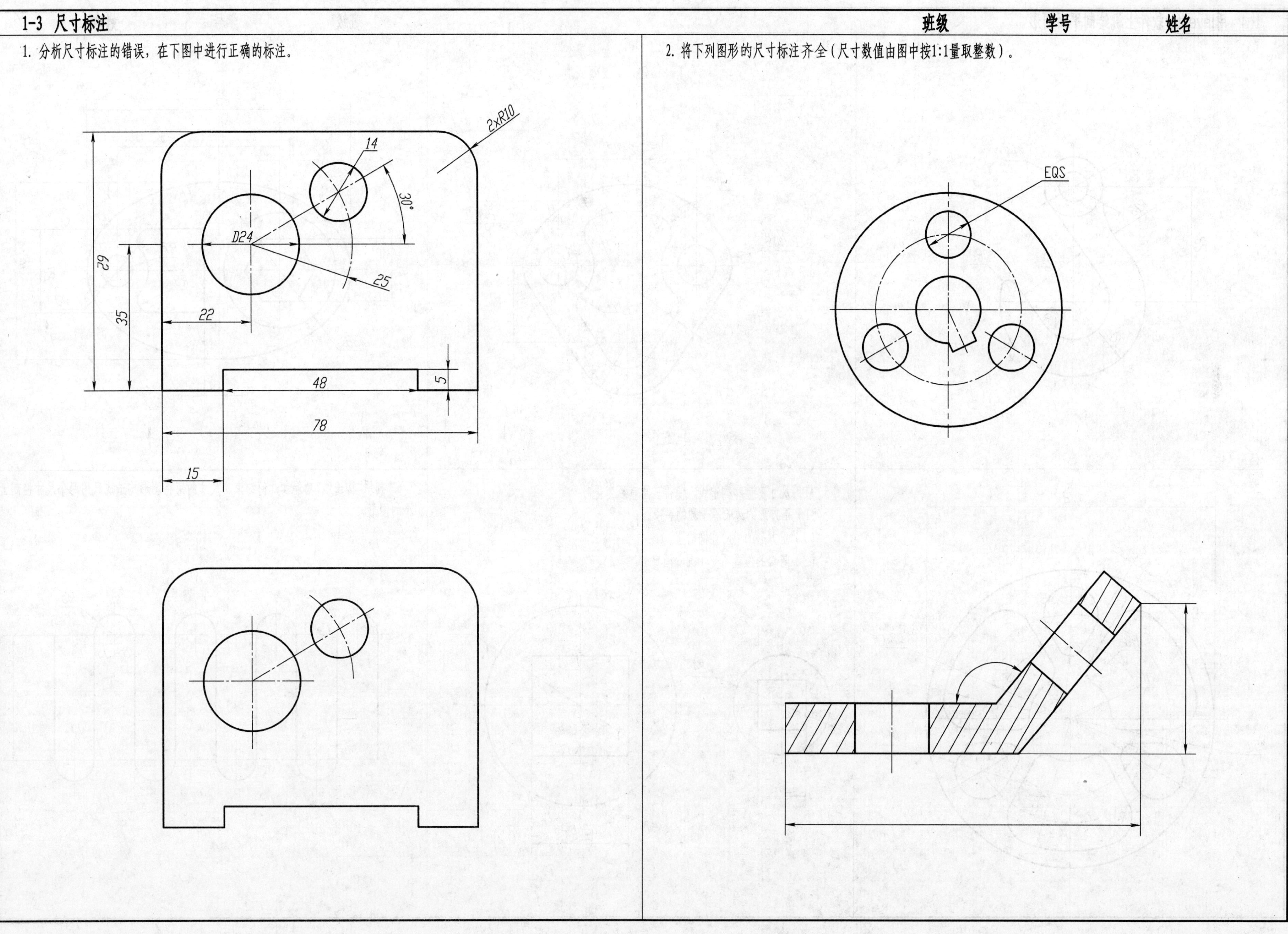

1-4 用Inventor软件上机绘制平面图形

班级　　学号　　姓名

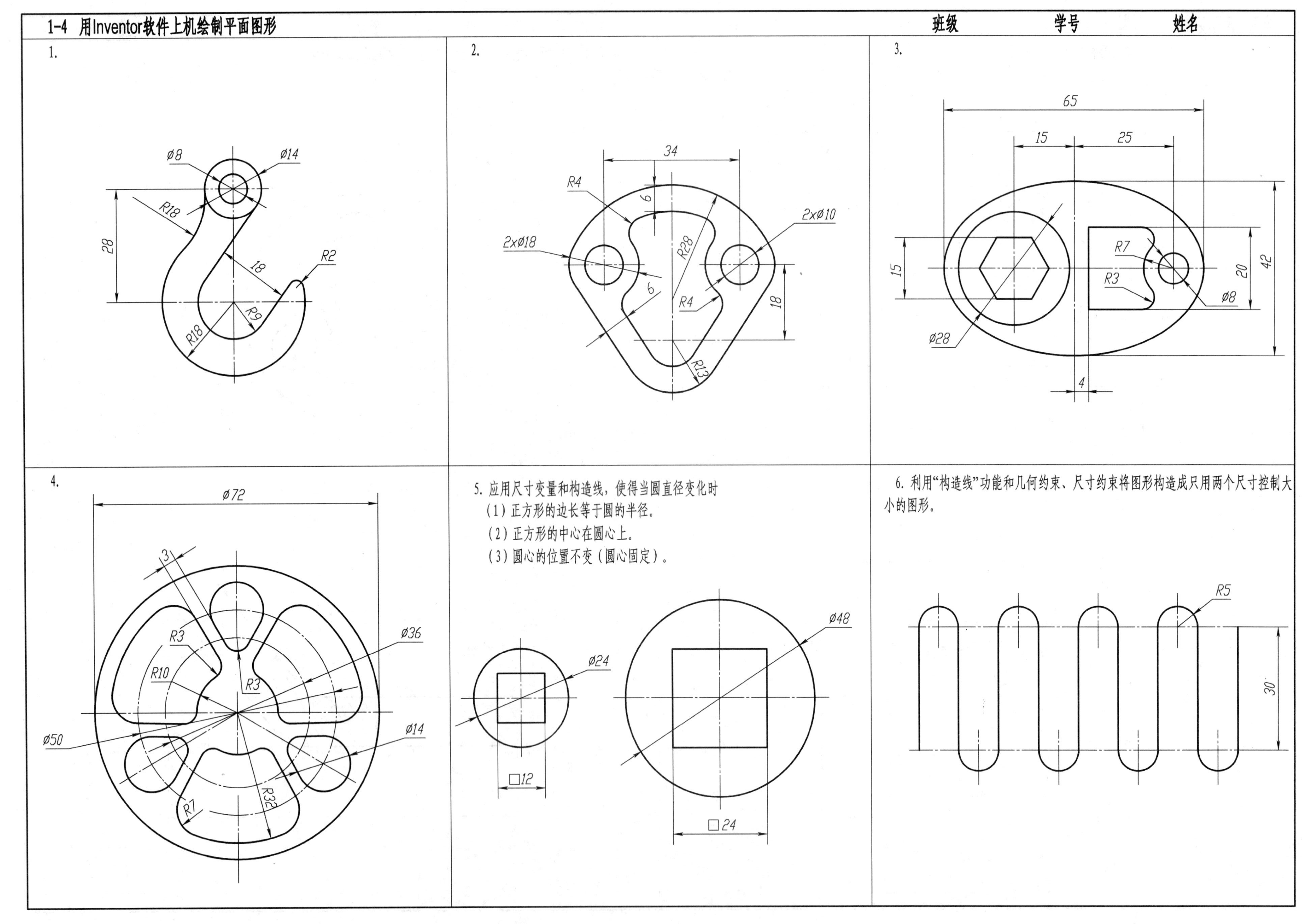

5. 应用尺寸变量和构造线，使得当圆直径变化时
(1) 正方形的边长等于圆的半径。
(2) 正方形的中心在圆心上。
(3) 圆心的位置不变(圆心固定)。

6. 利用“构造线”功能和几何约束、尺寸约束将图形构造成只用两个尺寸控制大小的图形。

二、投影基础

2-1 由斜二测图画三视图　　班级　　学号　　姓名

1.

2.

3.

4.

5.

6.

2-2 记物寻图

班级　　学号　　姓名

1.	2.	3.	4.
5.	6.	7.	8.
9.	10.	11.	12.

2-2 记物寻图（将第6页中斜二测图的三视图找出并填空）（续） 班级 学号 姓名

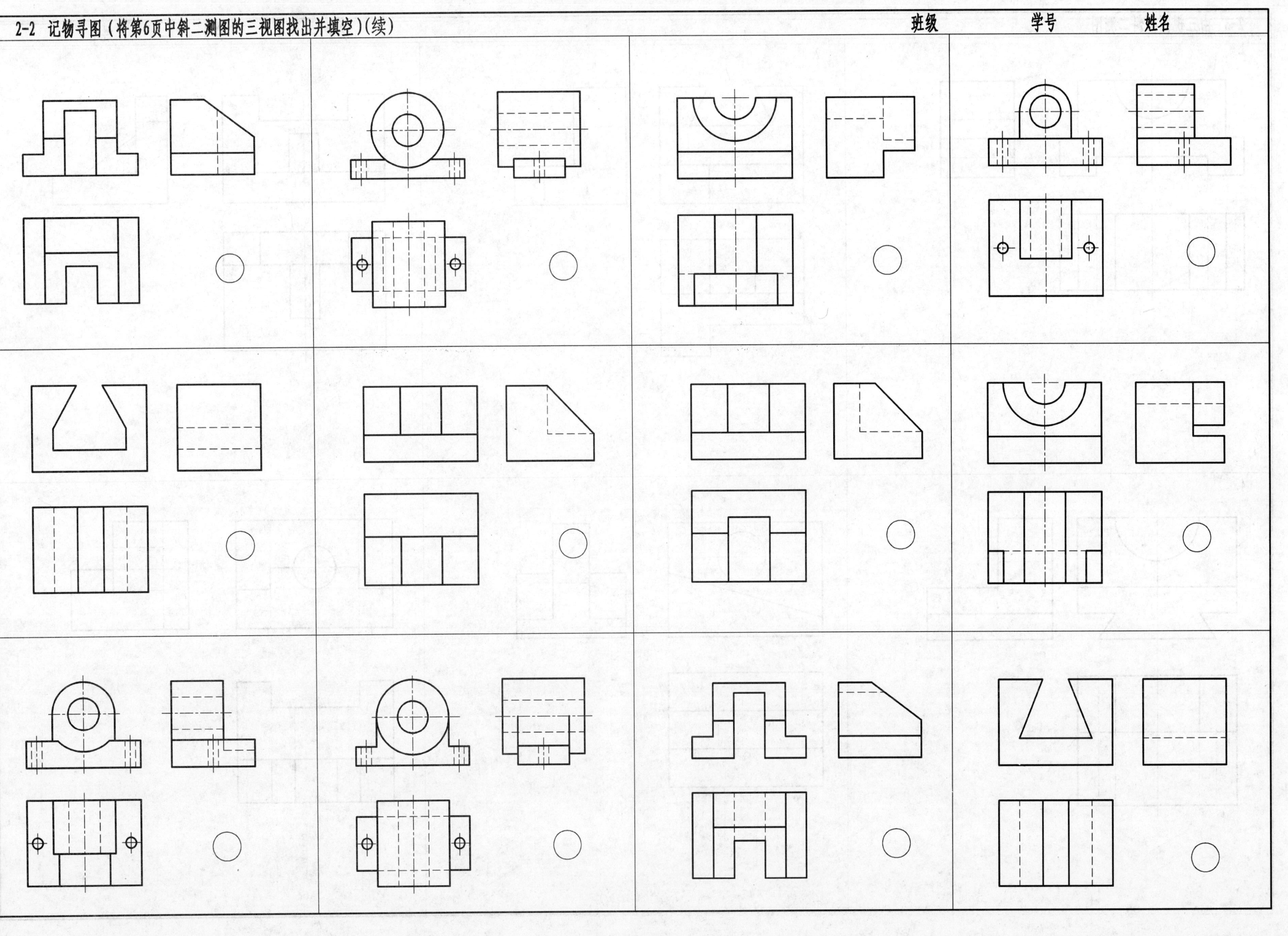

2-3 由三视图画斜二测图

班级　　学号　　姓名

1.

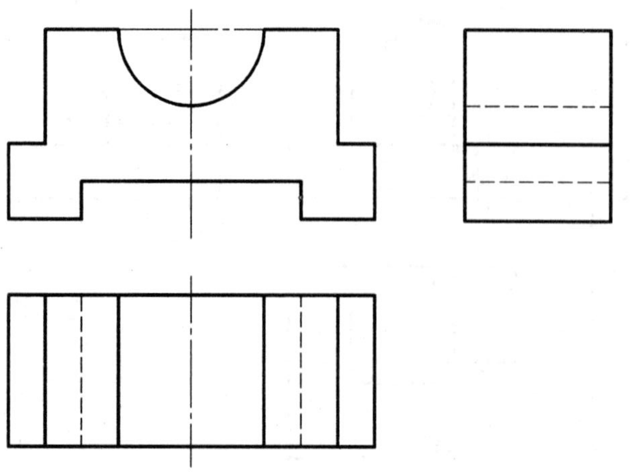

2.

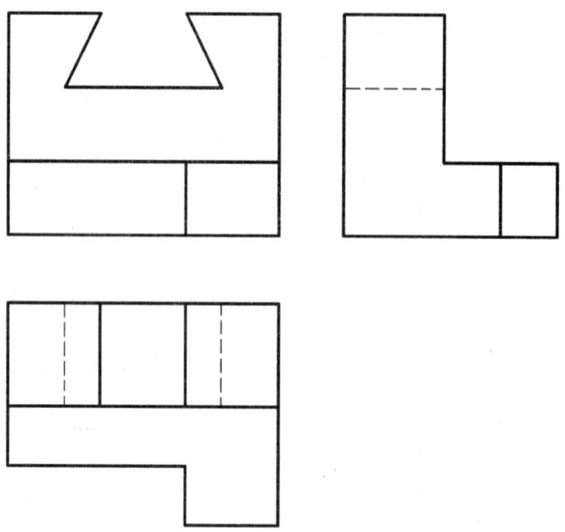

3.

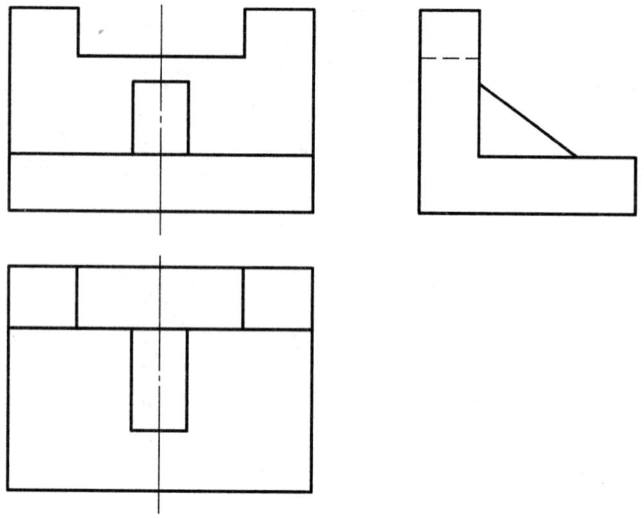

4.

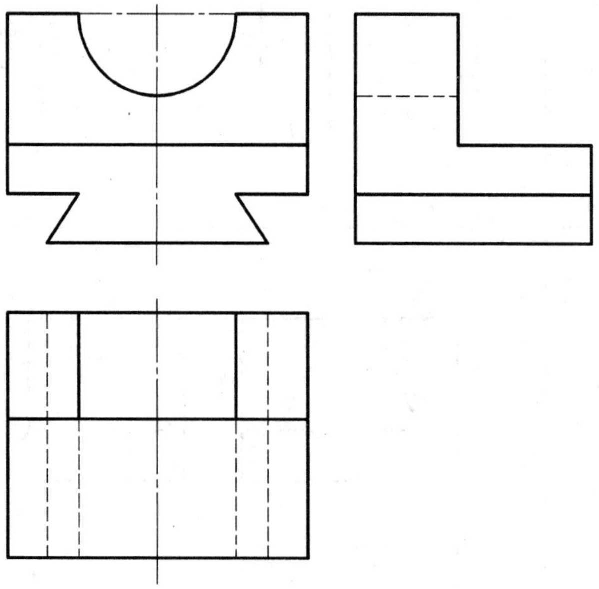

5.

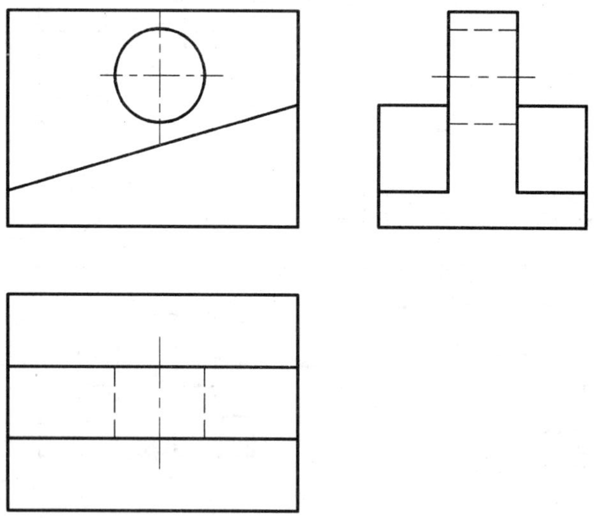

6.

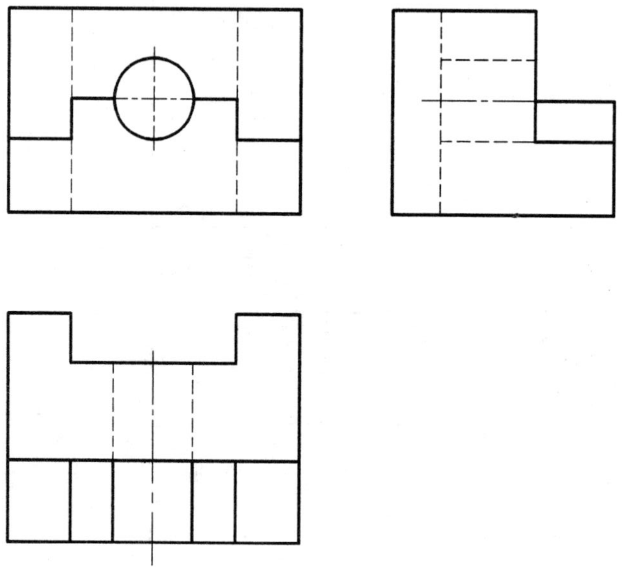

2-4 补画所缺视图

班级　　学号　　姓名

1.

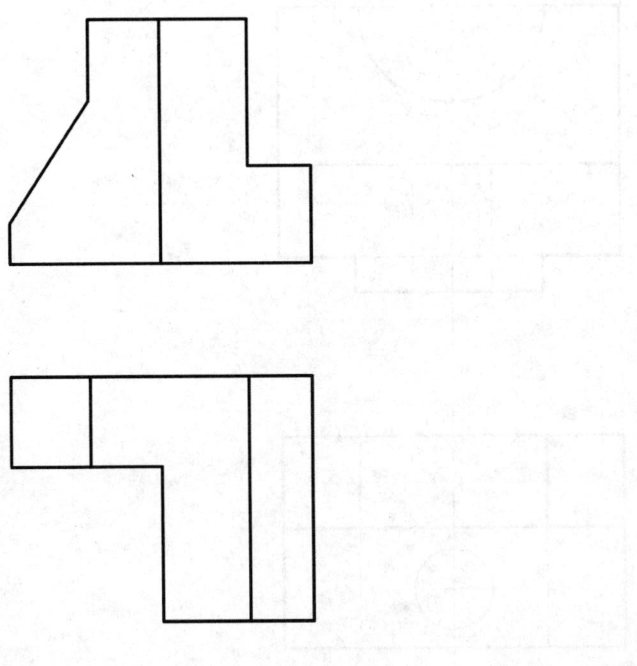

2.

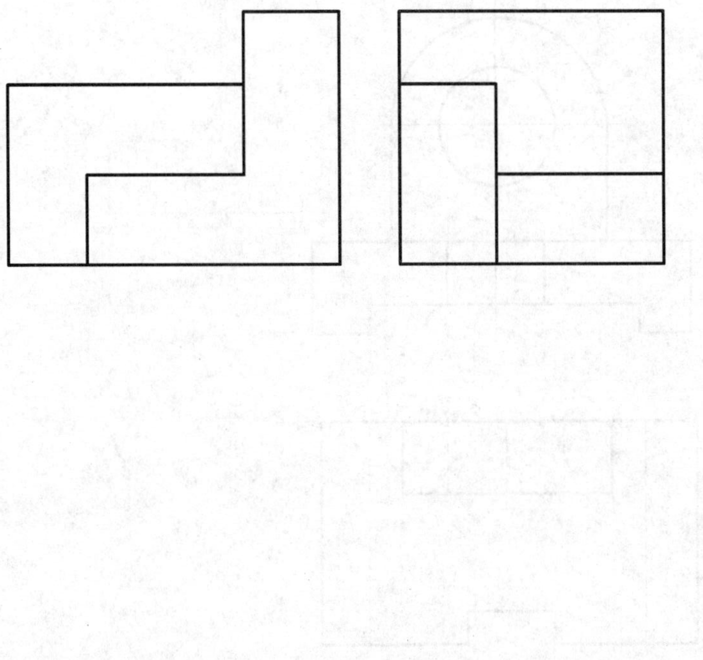

3.

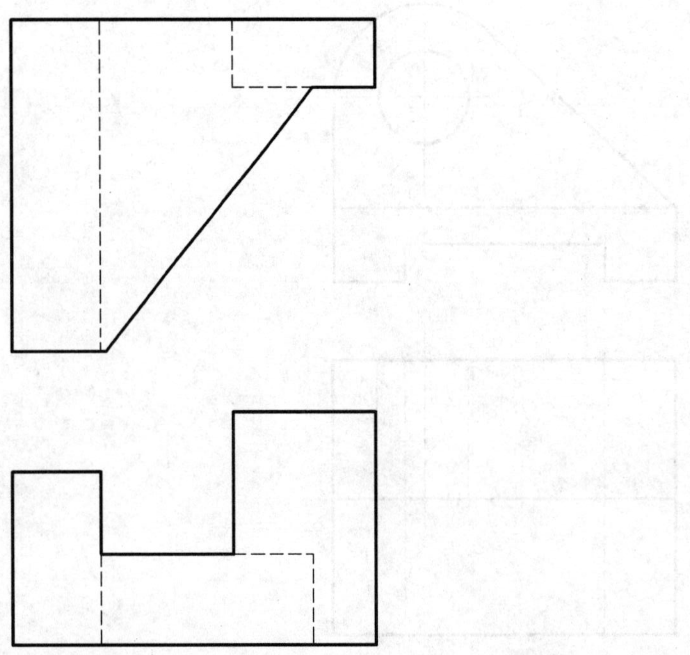

4.

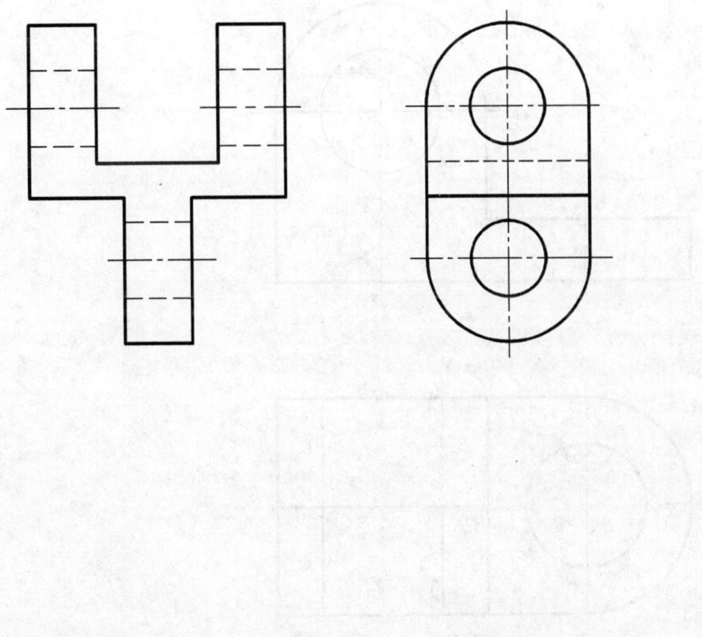

5.

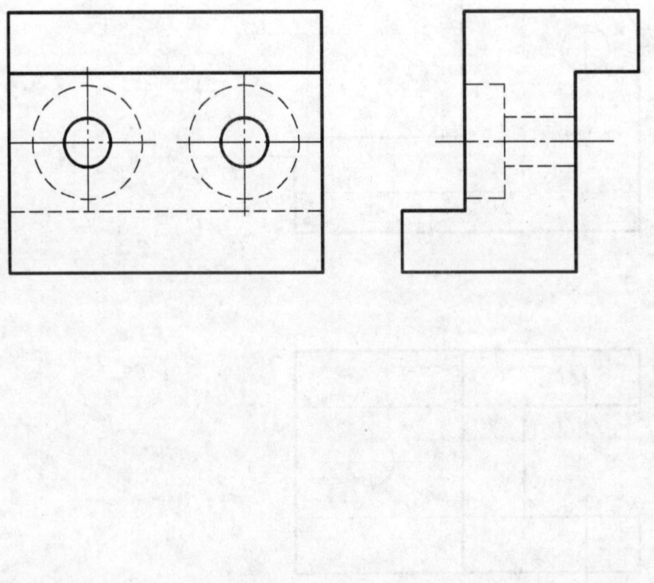

6.

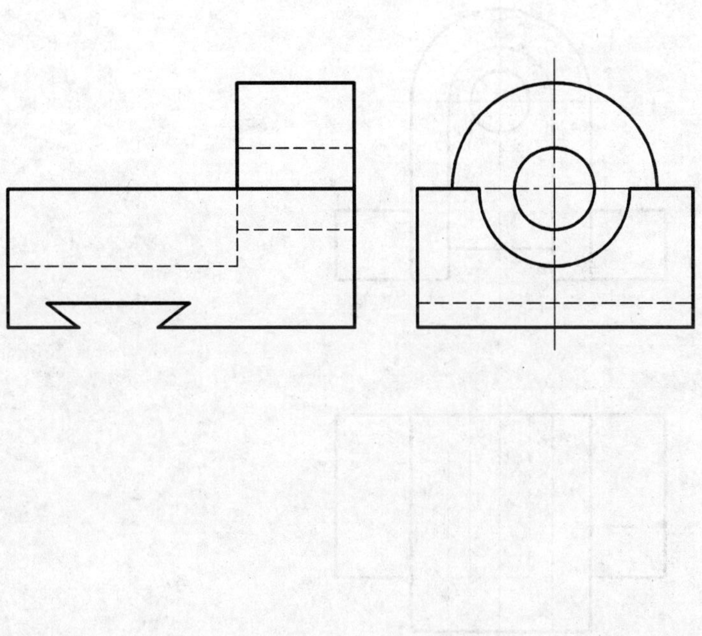

2-4 补画所缺视图(续)

班级　　　　学号　　　　姓名

7.

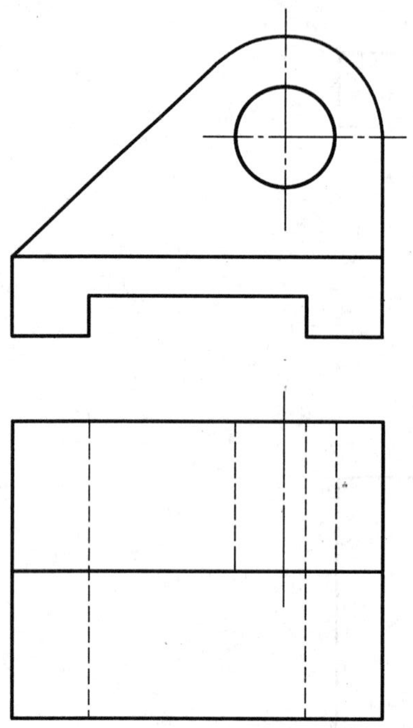

8.

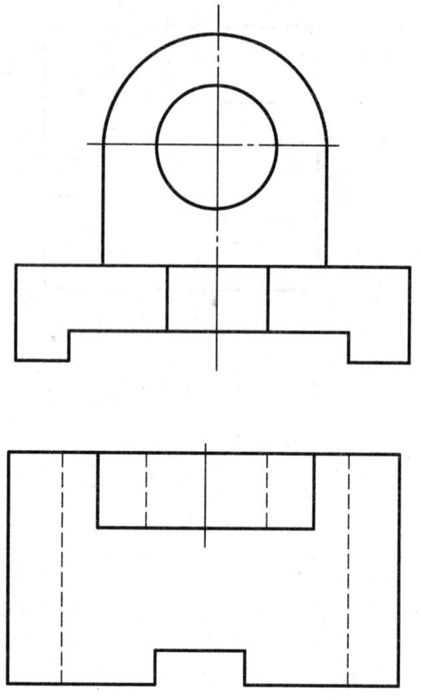

9.

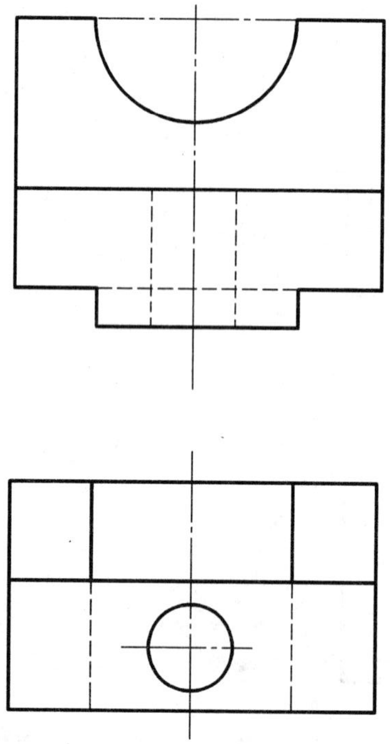

10.

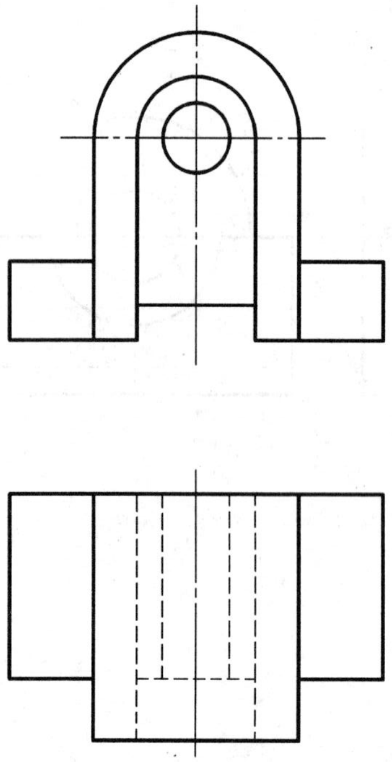

11.

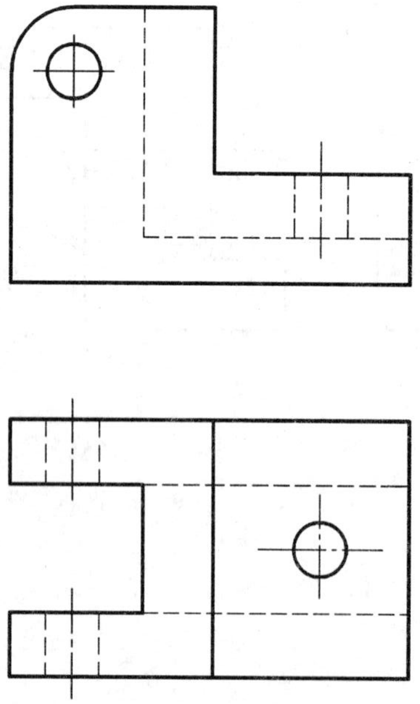

12.

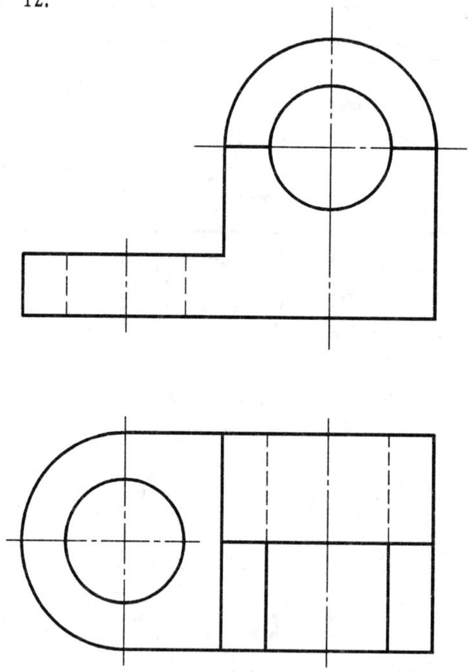

2-5 选择

班级　　学号　　姓名

1. 选择正确的俯视图：（　　）

2. 选择正确的俯视图：（　　）

3. 选择正确的左视图：（　　）

4. 选择正确的左视图：（　　）

5. 选择正确的左视图：（　　）

6. 选择正确的左视图：（　　）

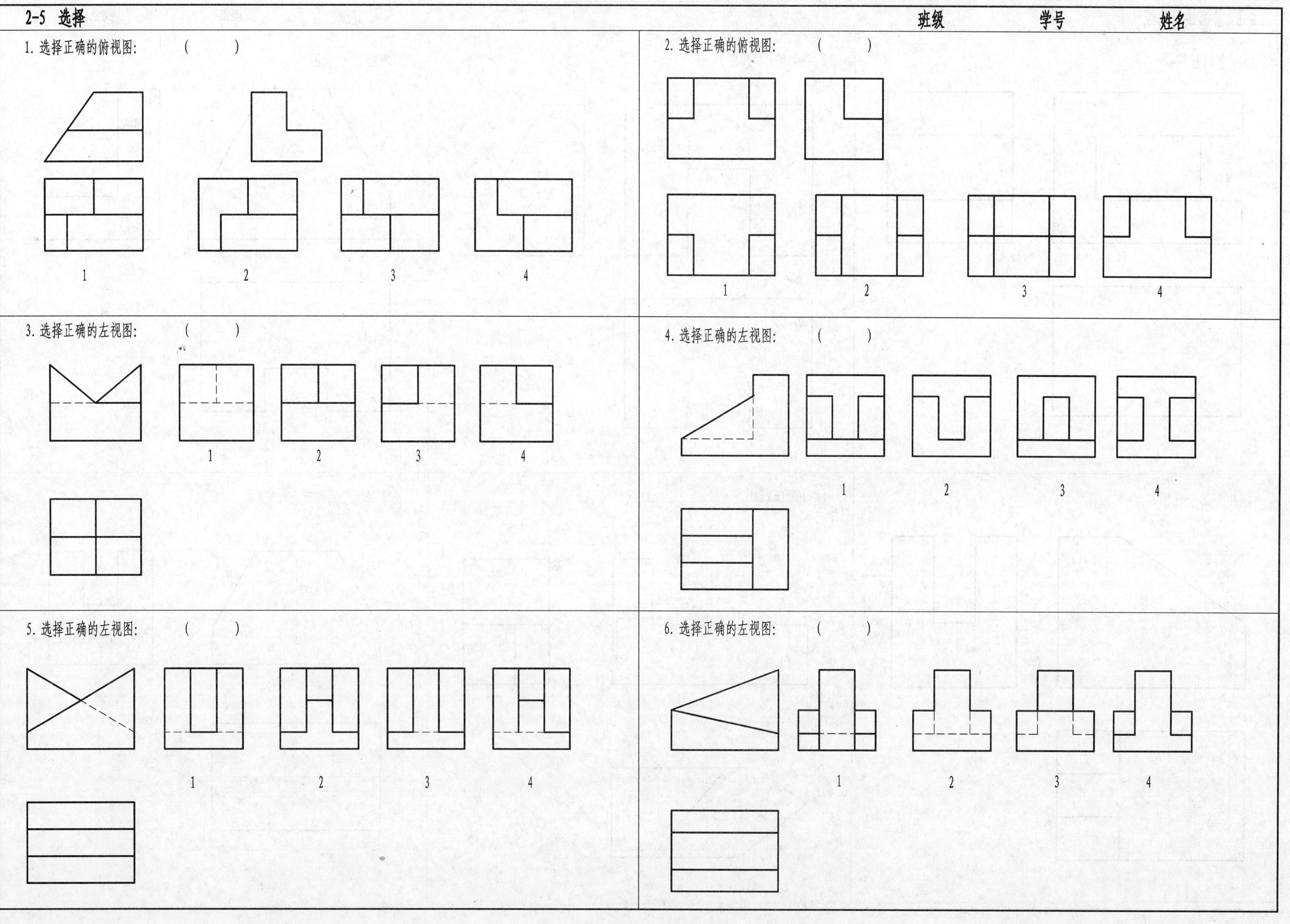

2-6 补画缺漏的线

班级　　学号　　姓名

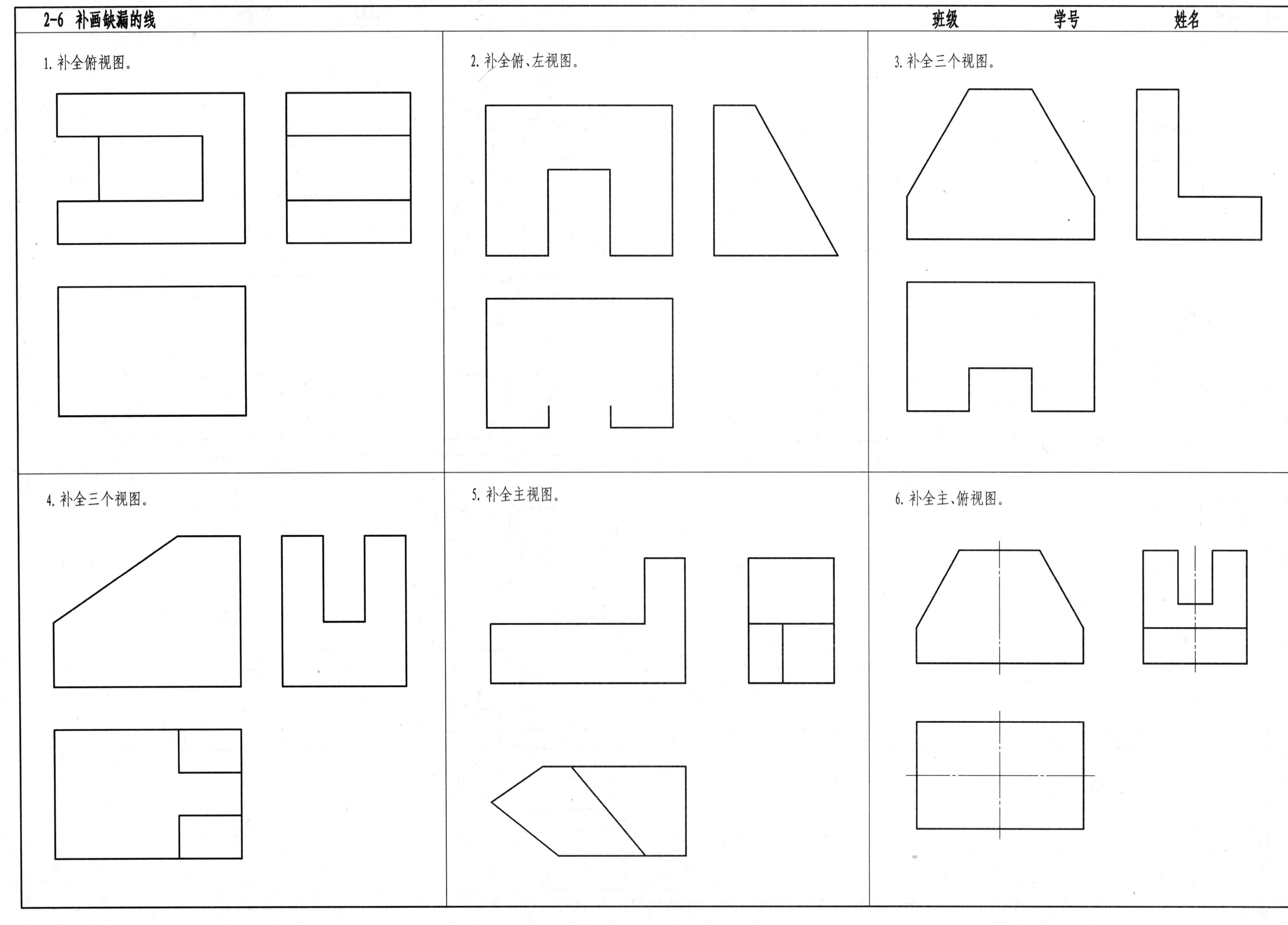

三、点、直线、平面的投影

3-1 点的投影

班级　　学号　　姓名

1. 补画点A和点B所缺的投影。

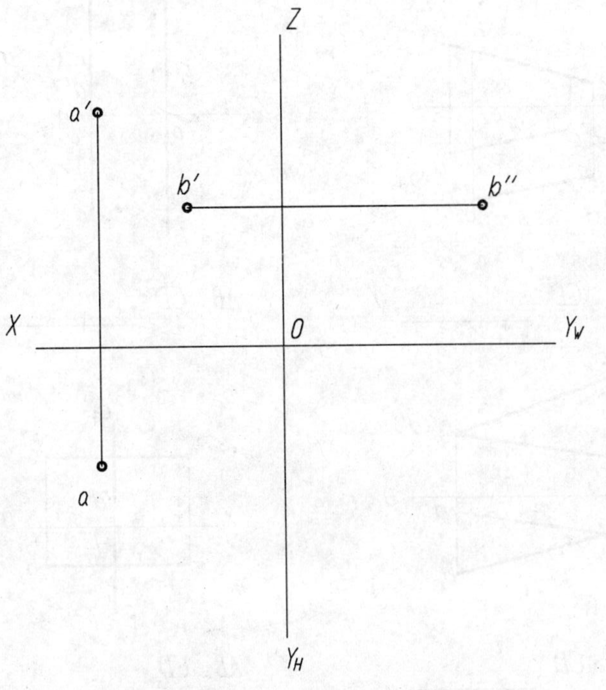

2. 补出e'，求点G的三面投影。已知点G在点E上方20mm，左方10mm，后方15mm。

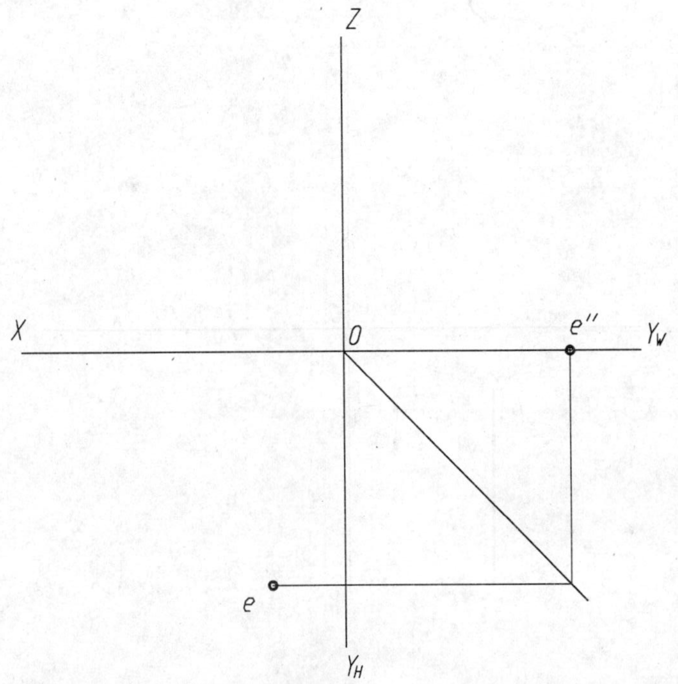

3. 点A与点B距V面相等，且点B在点A的左方15mm，上方10mm，试画点B的投影。

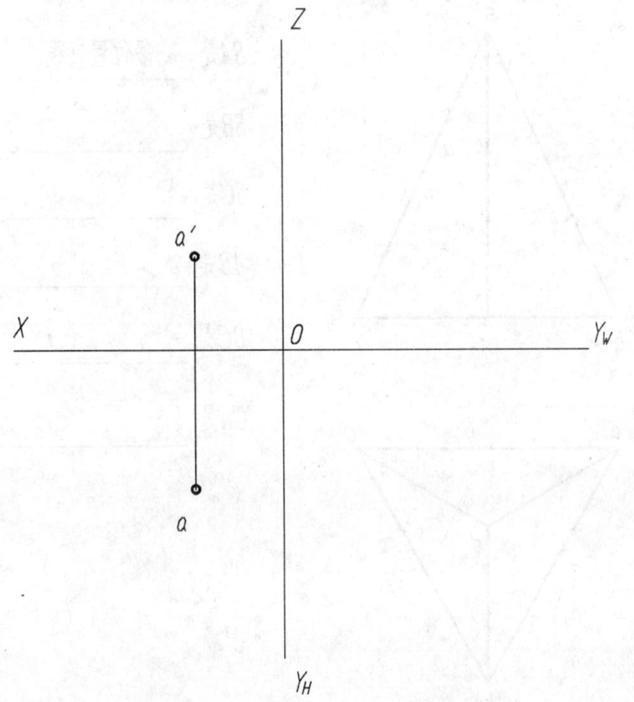

4. 利用两点间的相对位置，画出点A和点B的侧面投影。

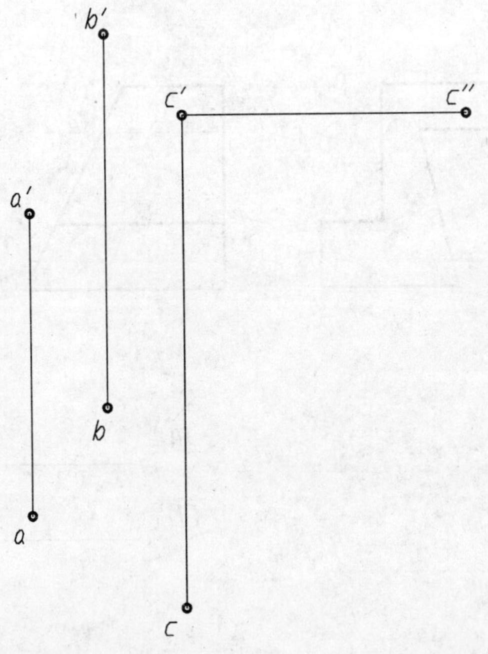

5. 已知三棱锥4个顶点的坐标值，画出三棱锥的三视图。

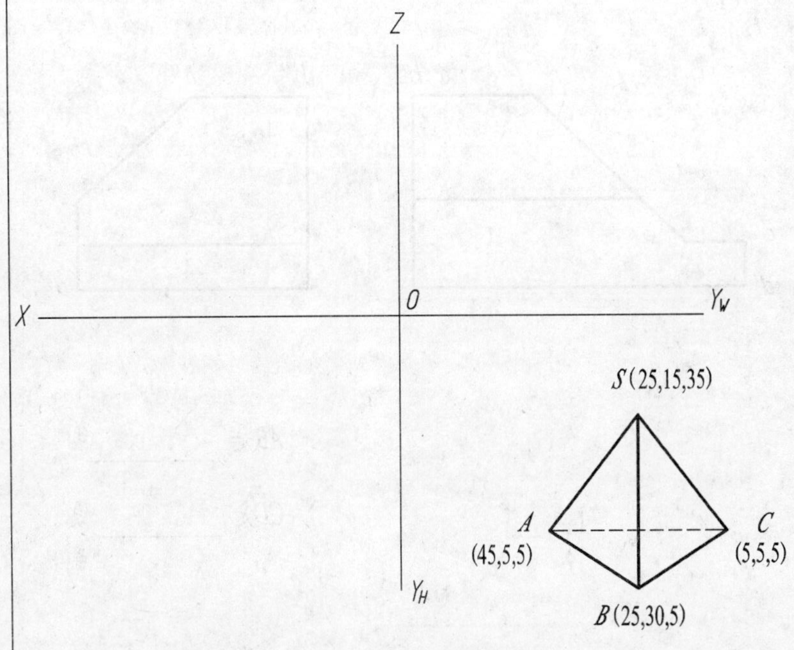

S(25,15,35)　A(45,5,5)　B(25,30,5)　C(5,5,5)

6. 已知正六面体边长为30mm，求作切角后三视图，并标出A，B，C三点的三面投影。

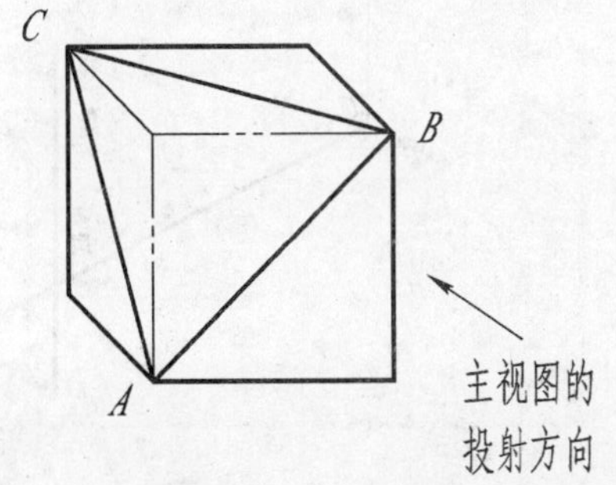

主视图的投射方向

3-2 直线的投影

班级　　　　学号　　　　姓名

1. 判断三棱锥各棱边对投影面的位置。

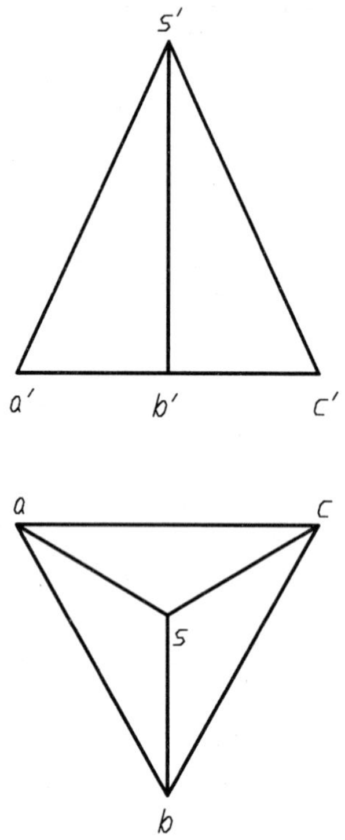

SA是 一般位置直线

SB是 ________

SC是 ________

AB是 ________

BC是 ________

CA是 ________

2. AB为正垂线，与H及W面等距，画出它的另两面投影。

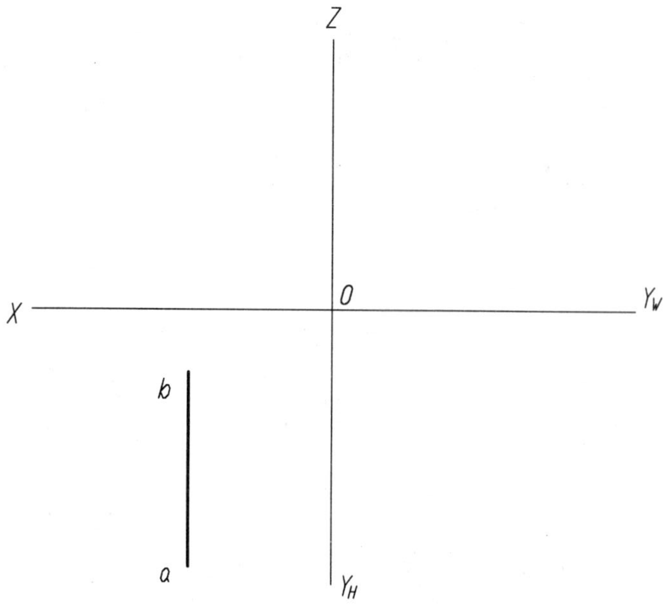

3. 判断AB、CD的相对位置。

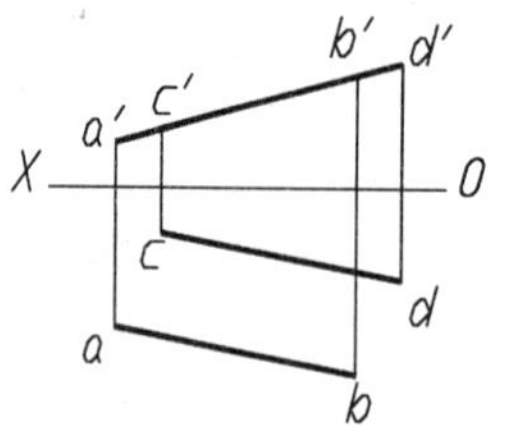

AB、CD ________

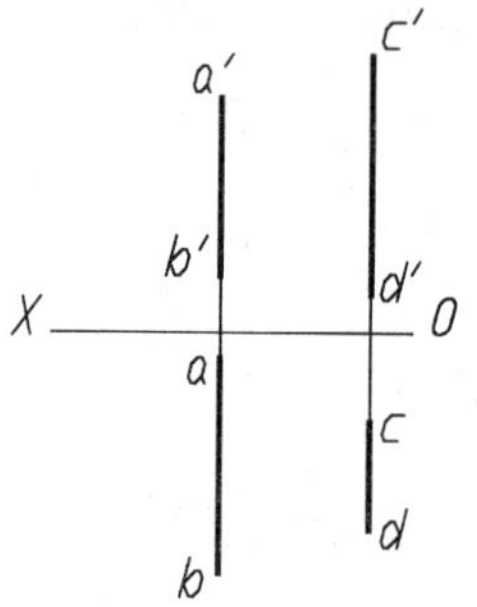

AB、CD ________

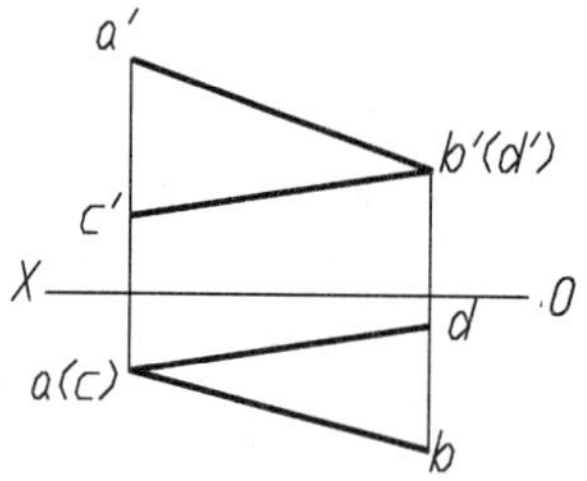

AB、CD ________

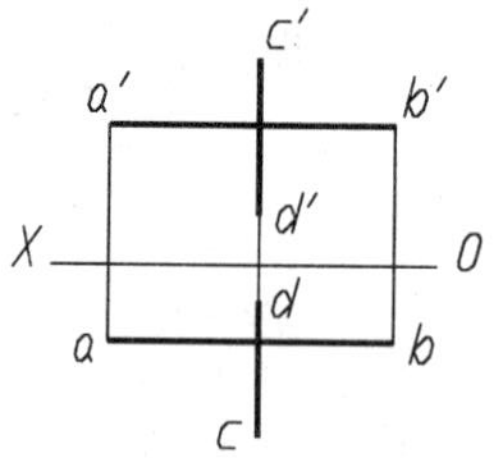

AB、CD ________

4. 求相交两直线的交点m'。补出$c'd'$投影（用分割线段成定比法作）。

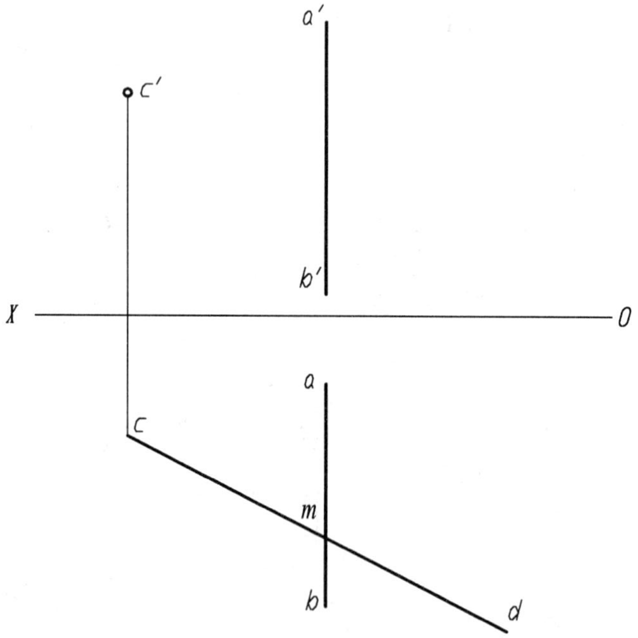

5. 补画俯视图。标出指定直线的所缺投影，并回答问题。

(1)

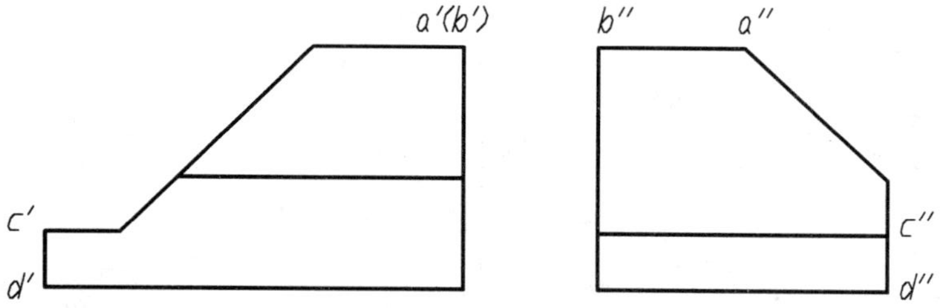

AB是 ________ 线

CD是 ________ 线

(2)

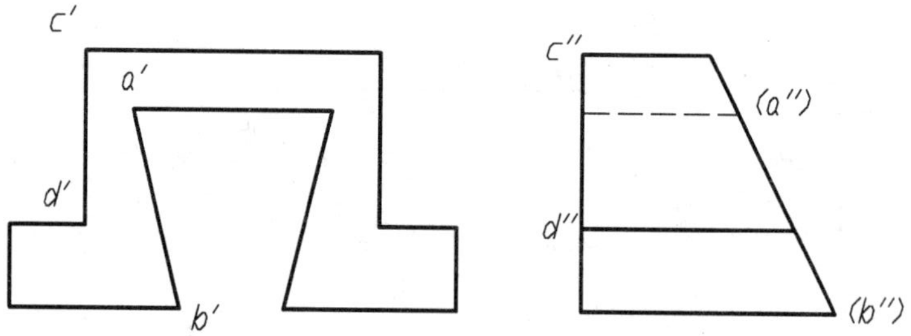

AB是 ________ 线

CD是 ________ 线

3-3 平面的投影

班级　　　　学号　　　　姓名

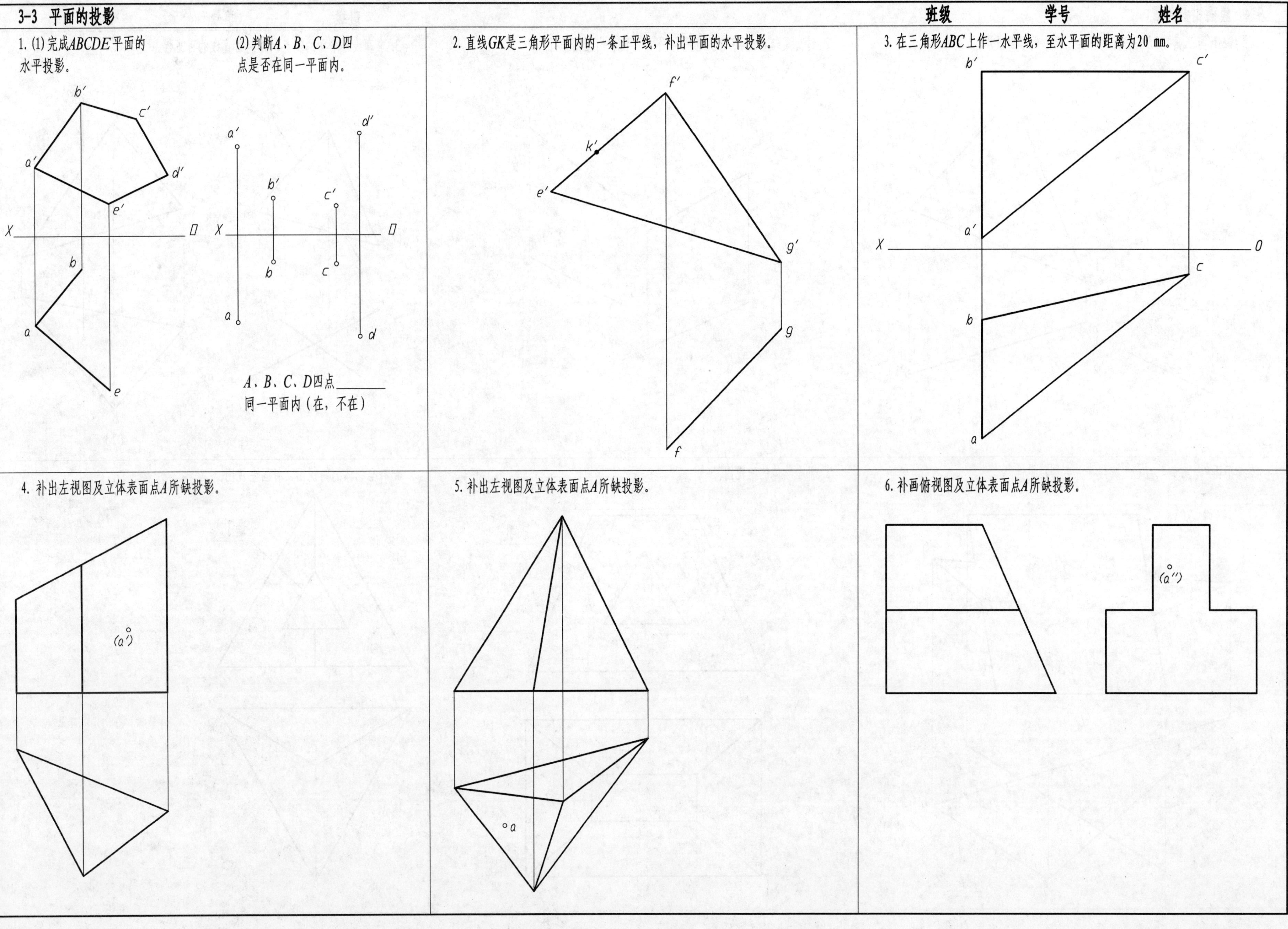

3-4 线面相对位置

班级　　学号　　姓名

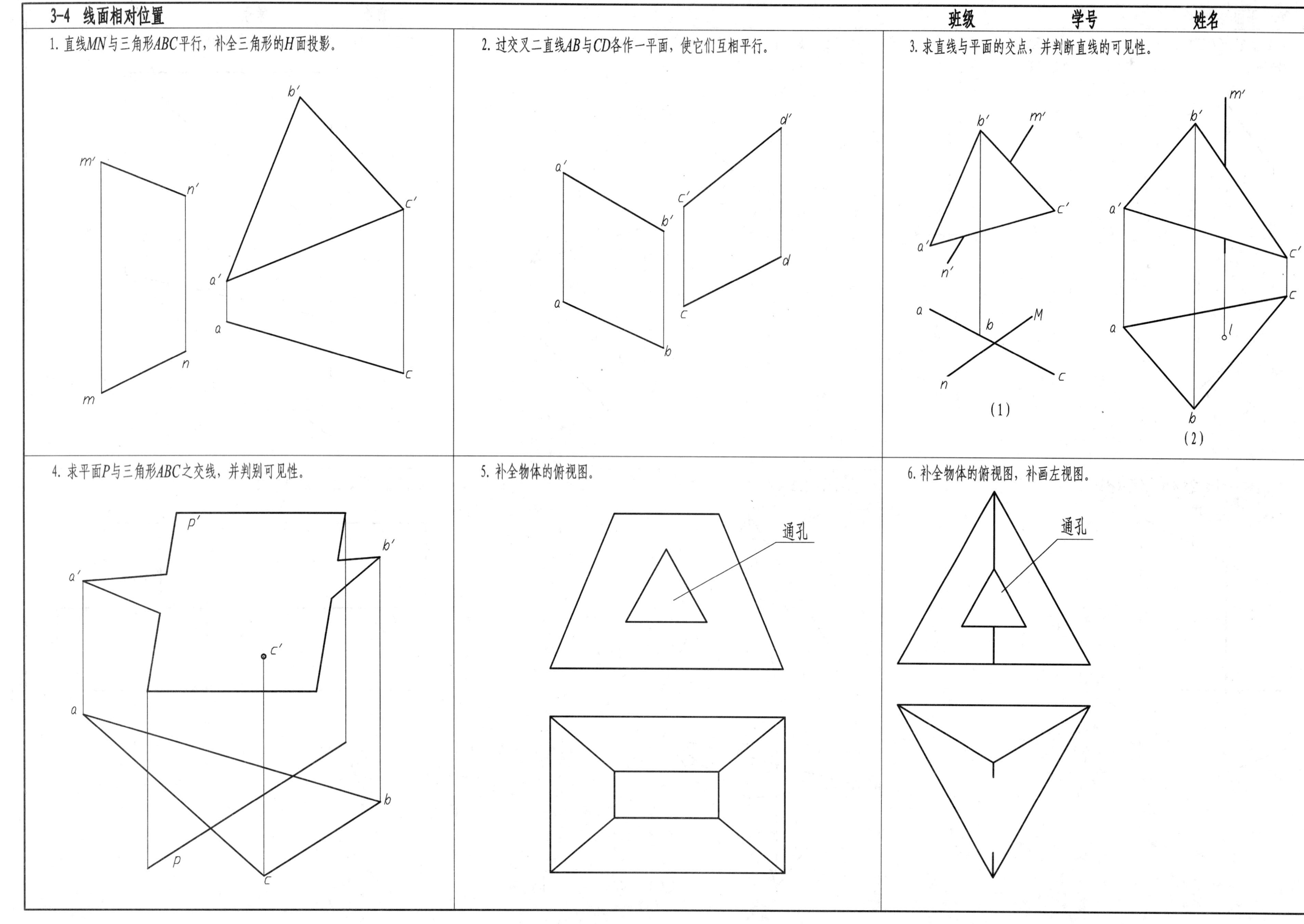

3-5 线面分析法补图

班级　　　学号　　　姓名

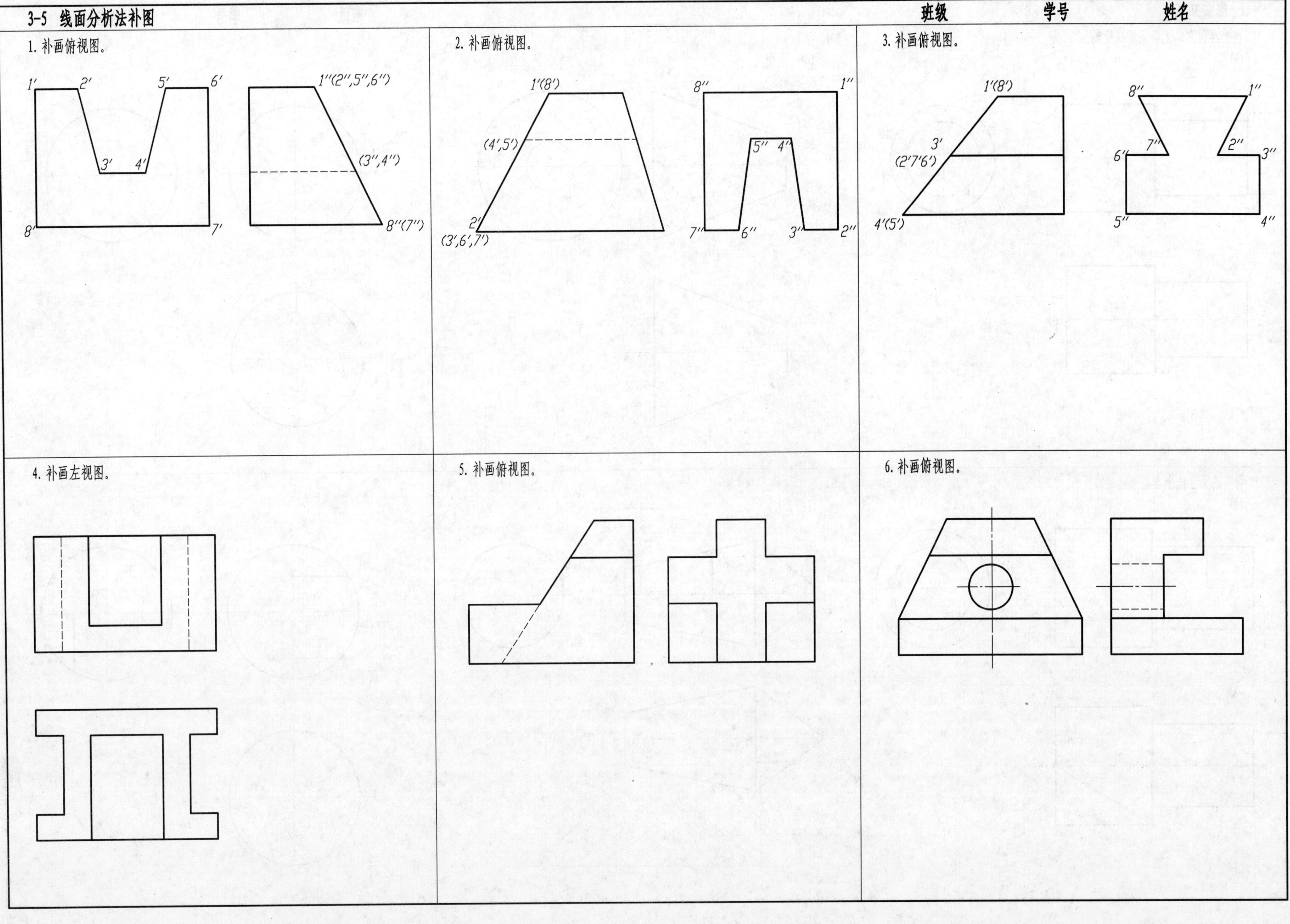

四、立体的投影

4-1 曲面立体

班级　　学号　　姓名

1. 找出曲面立体上各点所缺投影。

(1)

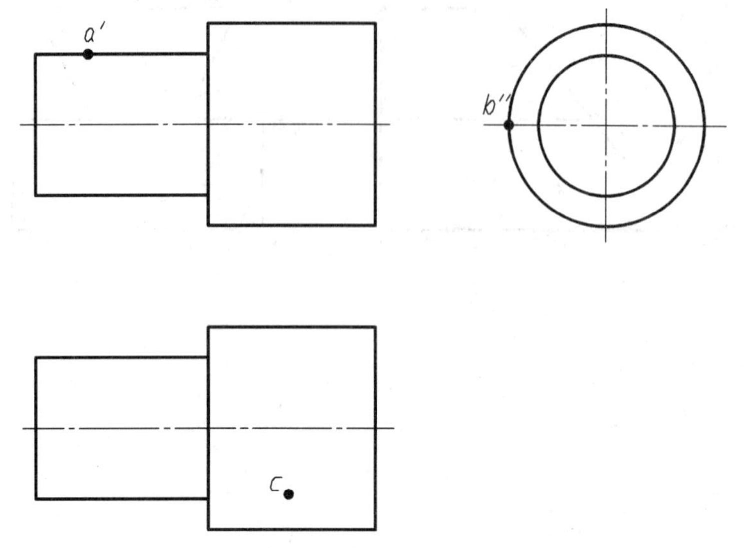

a′　b″　c

(2)

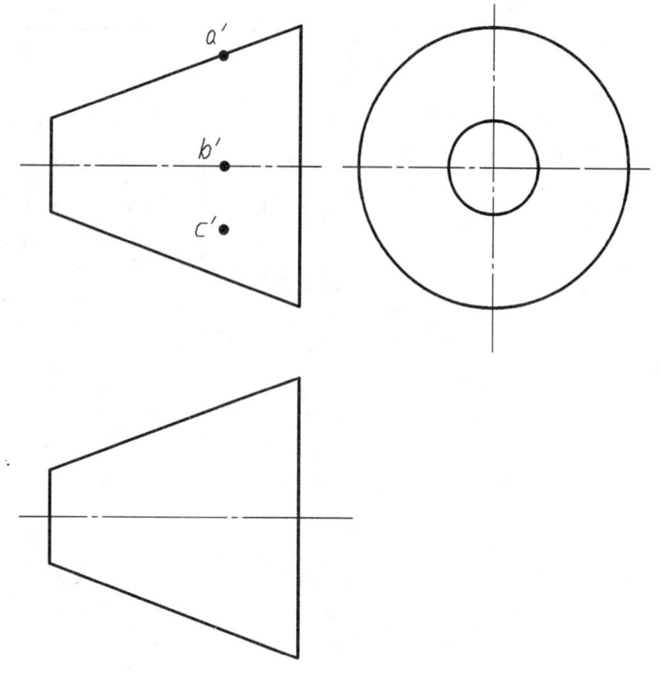

a′　b′　c′

(3)

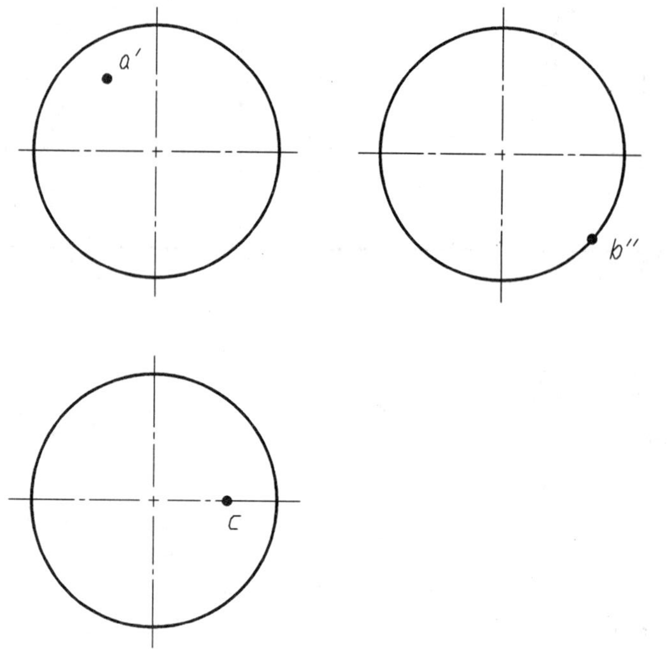

a′　b″　c

2. 补画曲面立体上各条线所缺的投影。

(1)

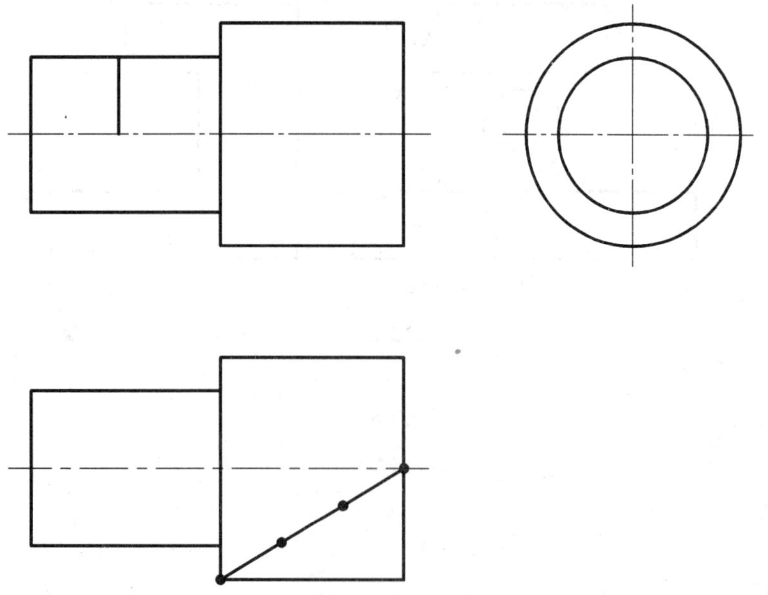

(2)

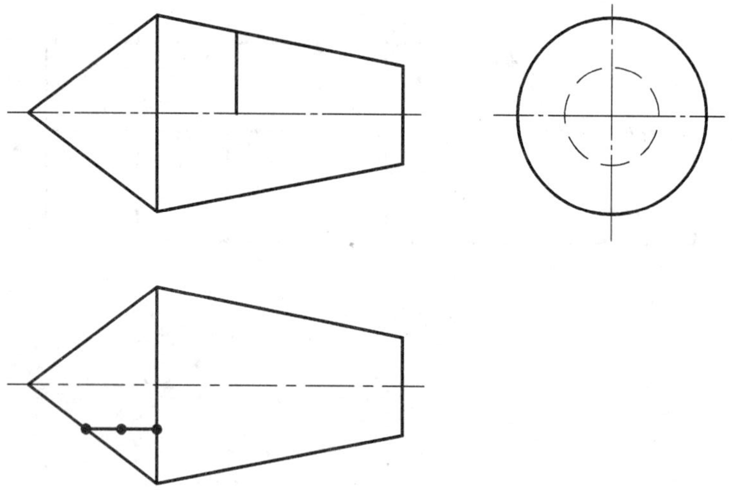

(3)

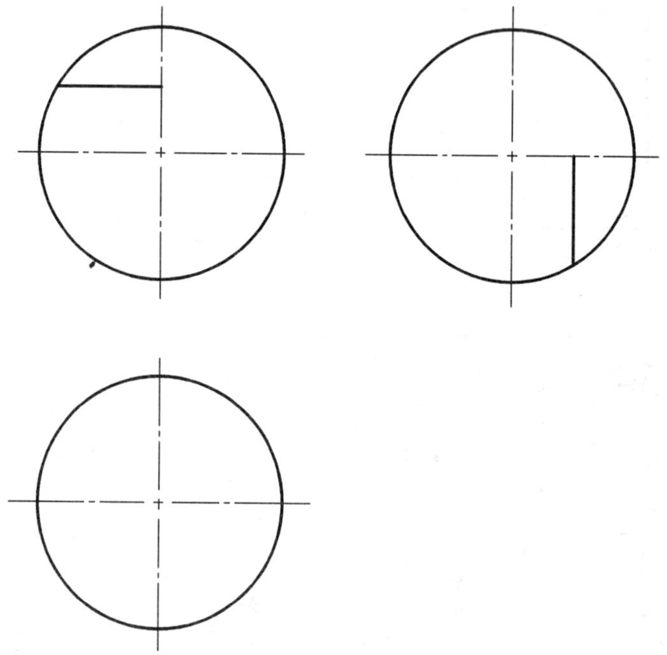

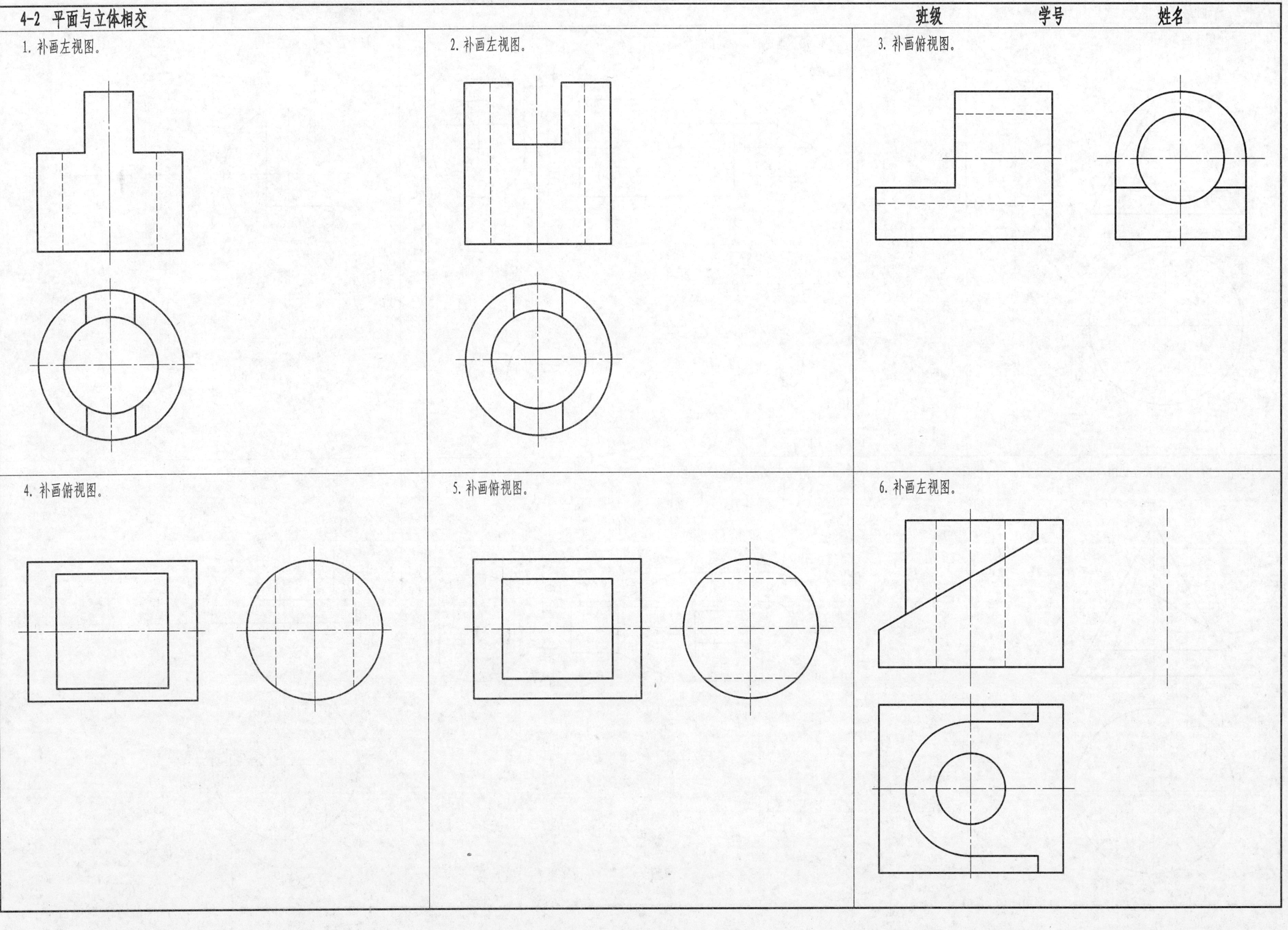
4-2 平面与立体相交
班级
学号
姓名
1. 补画左视图。
2. 补画左视图。
3. 补画俯视图。
4. 补画俯视图。
5. 补画俯视图。
6. 补画左视图。

4-2 平面与立体相交(续)

班级　　　　学号　　　　姓名

7. 补全俯视图，补画左视图。

8. 想清立体形状，补画俯视图。

9. 补画俯视图和左视图。

10. 补全俯视图，补画左视图。

11. 补全主视图，补画俯视图。

12. 补全俯视图，补画左视图。

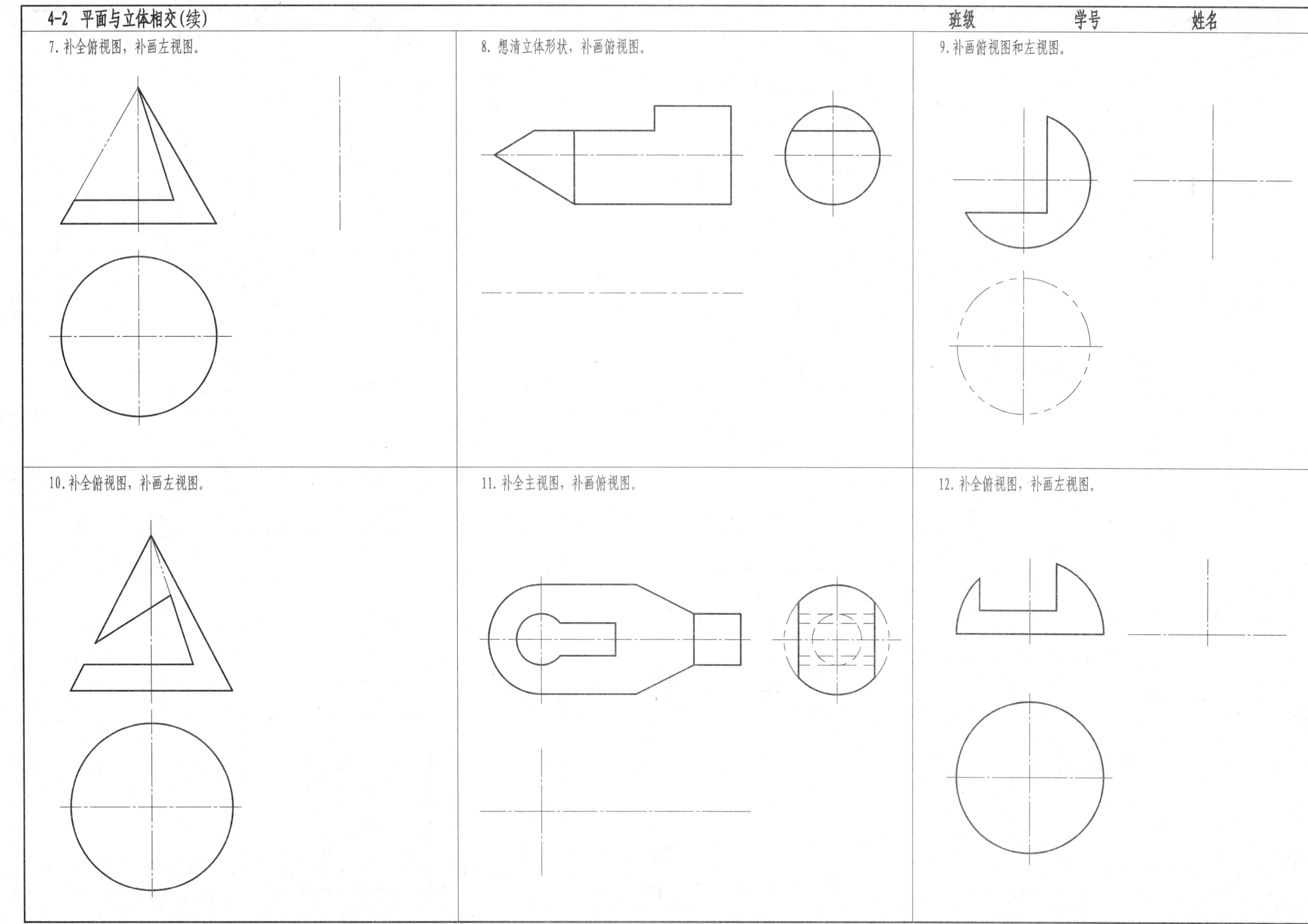

4-3 两曲面立体相交

班级　　　　学号　　　　姓名

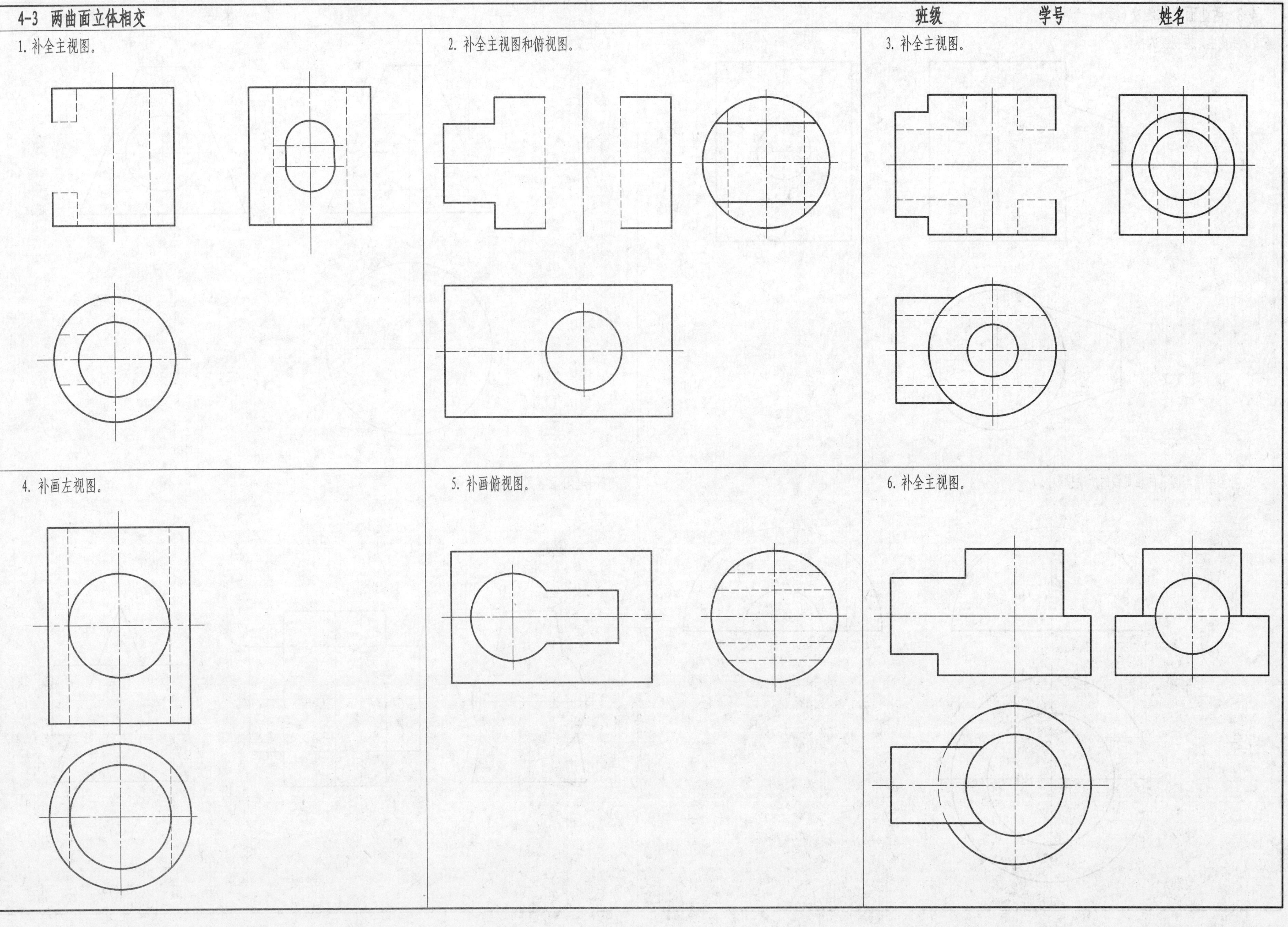

4-3 两曲面立体相交(续)

班级　　　　学号　　　　姓名

7. 完成主、左视图的投影。

8. 完成主、俯两视图的投影。

9. 补全半球与圆孔的相贯线的所缺投影。

10. 作出下面各题相贯线的投影。

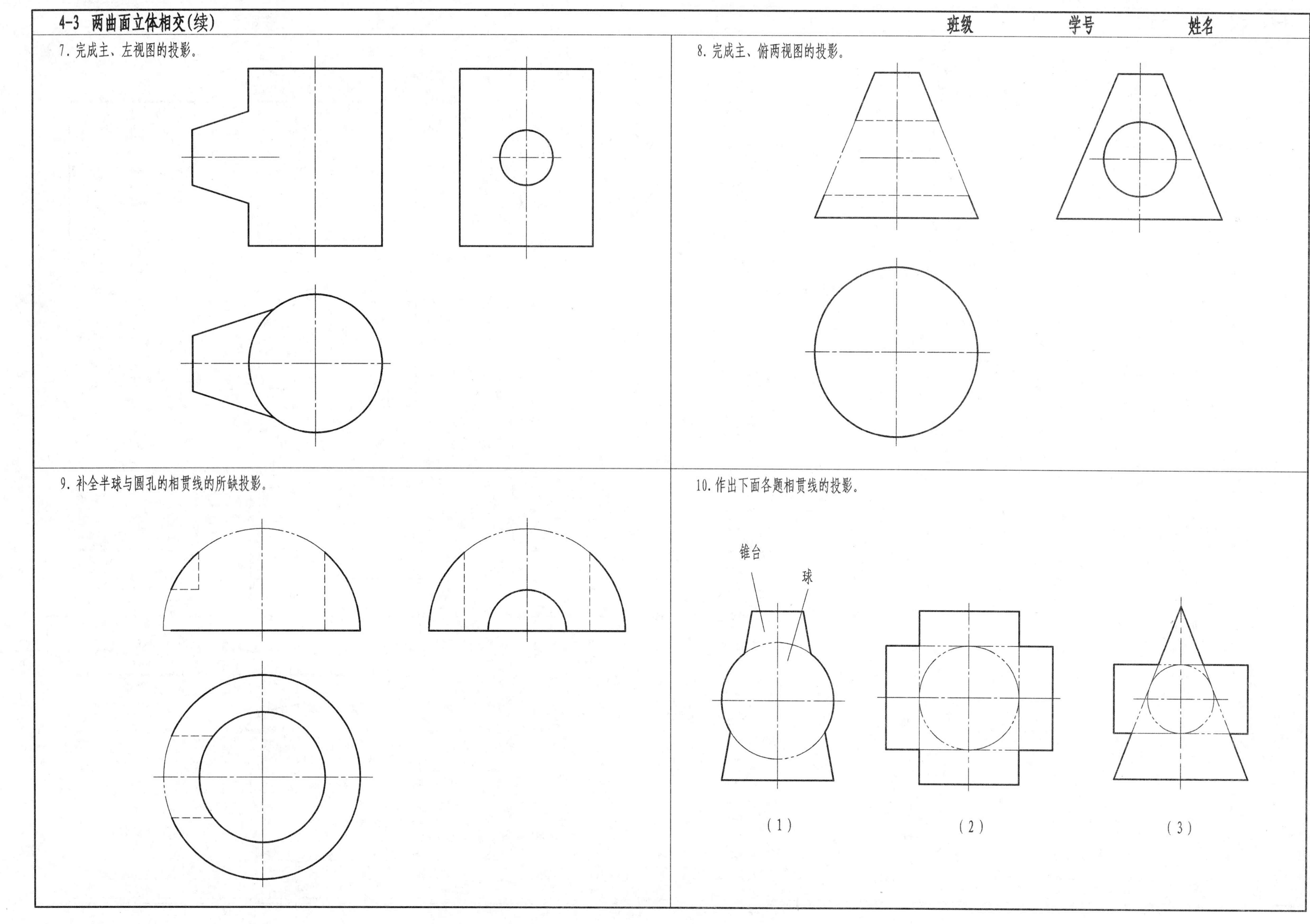

4-4 截交、相贯综合练习

班级　　学号　　姓名

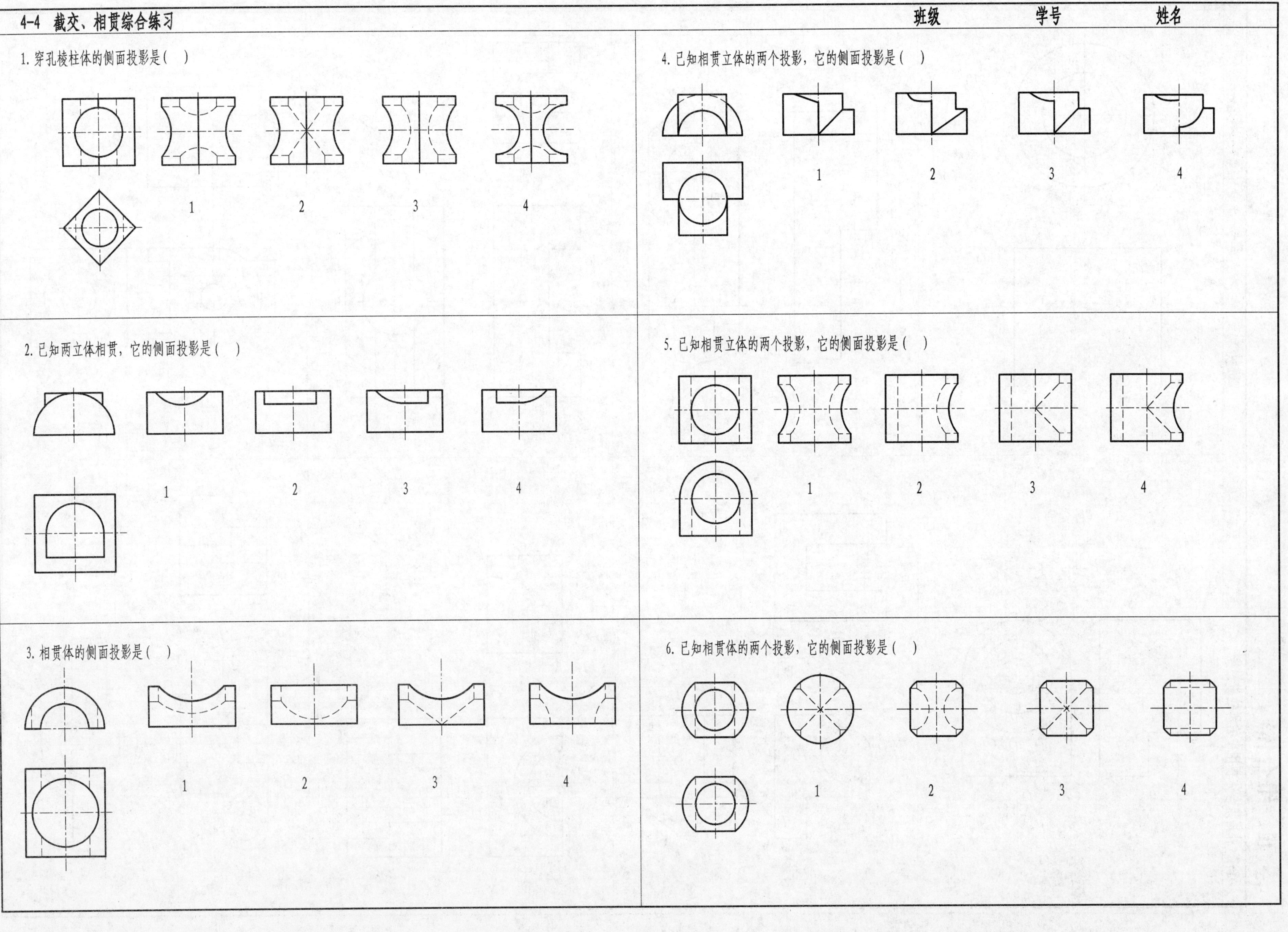

五、组合体

5-1 补画组合体视图中的所缺投影线　　班级　　学号　　姓名

1.

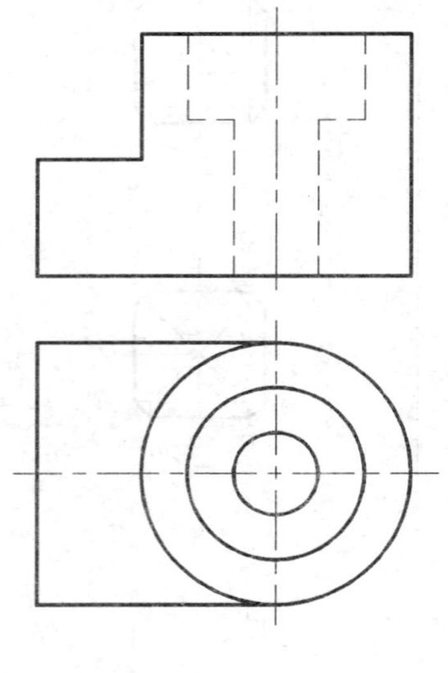

2.

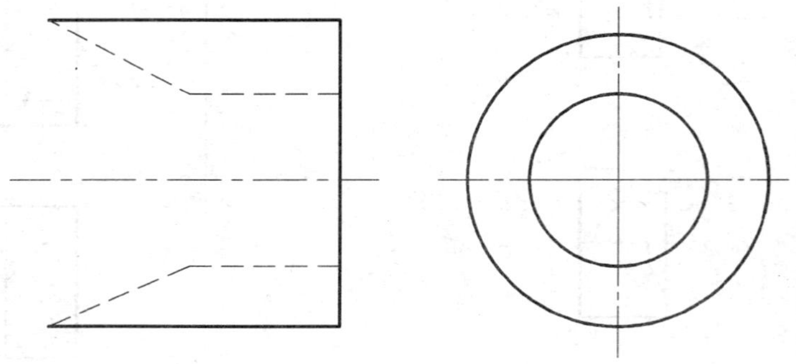

3.

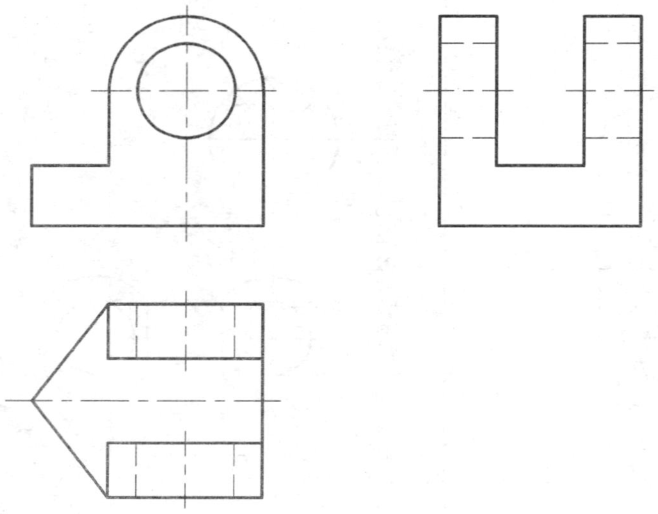

4.

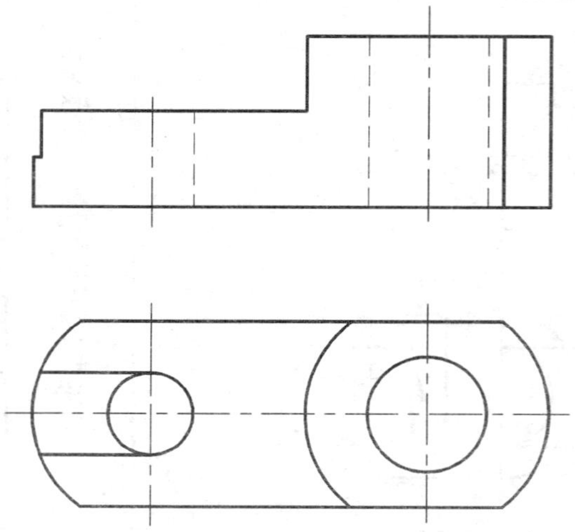

5.

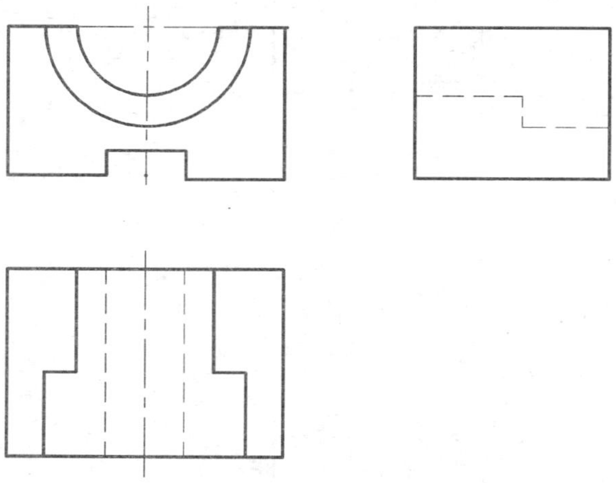

6.

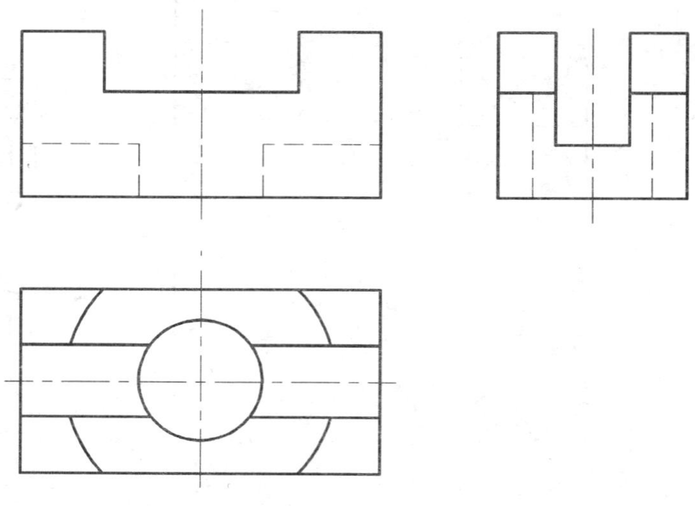

7.

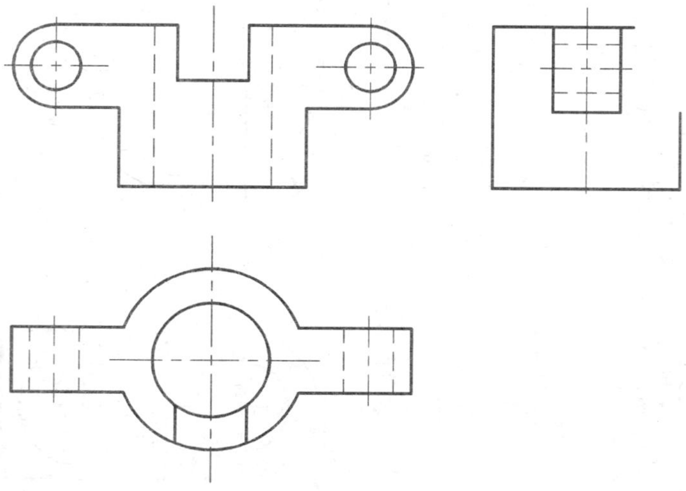

8.

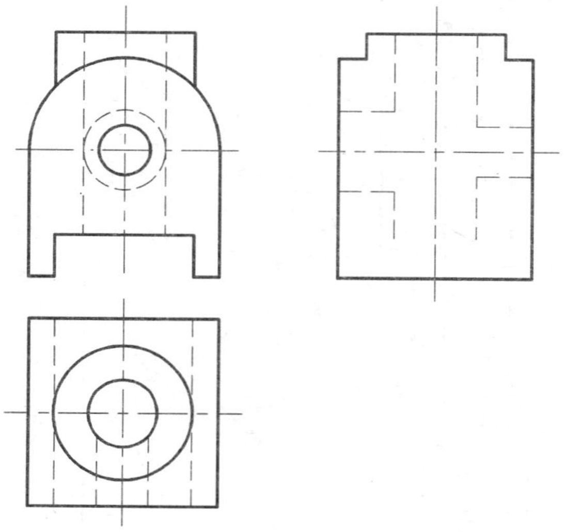

5-2 补画组合体的三视图

班级　　　　学号　　　　姓名

1. 由一个相同的主视图构思两个不同组合体的三视图。

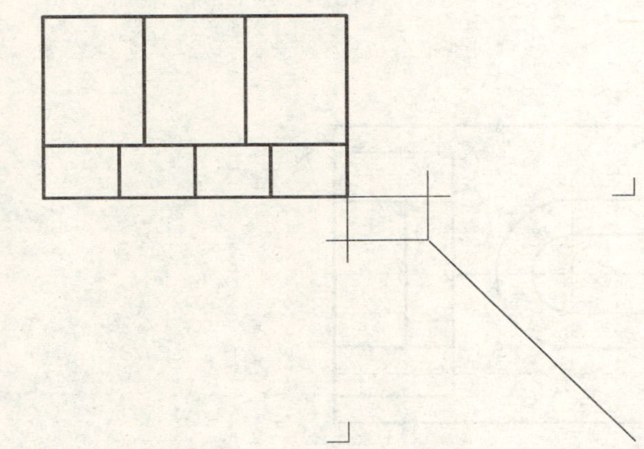

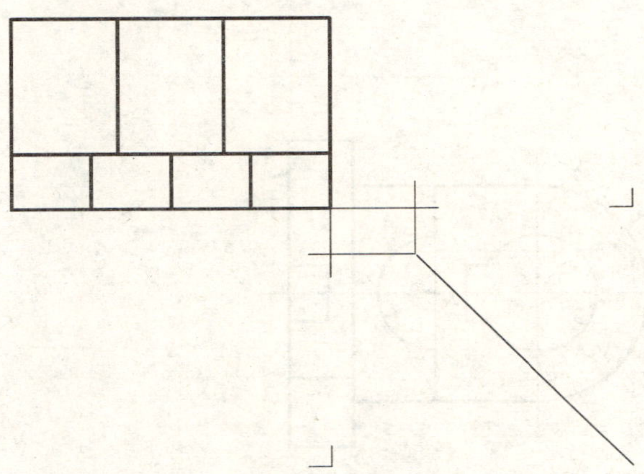

2. 由一个相同的主视图构思两个不同组合体的三视图。

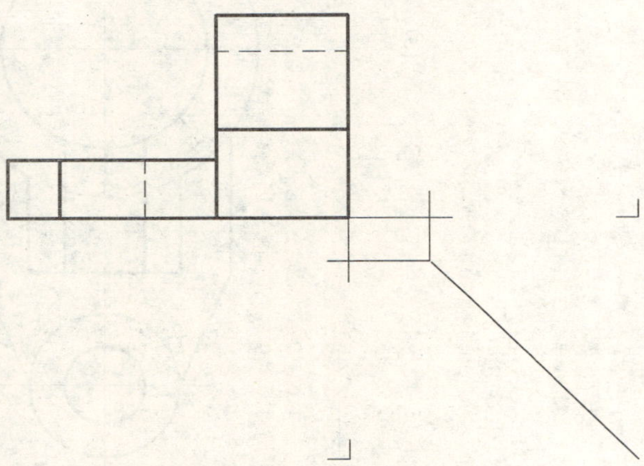

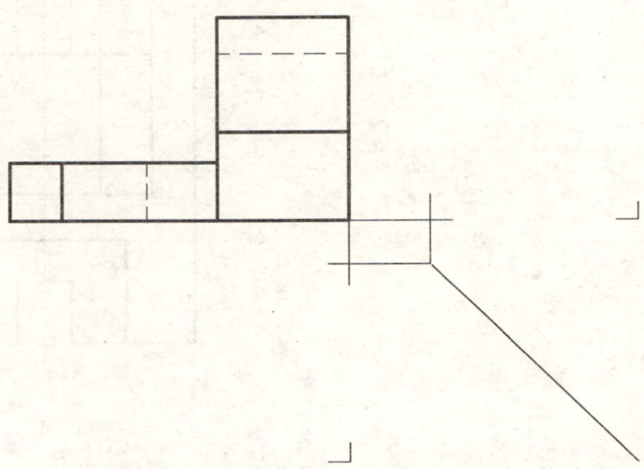

3. 由一个相同的主视图构思两个不同组合体的三视图。

4. 由一个相同的俯视图构思两个不同组合体的三视图。

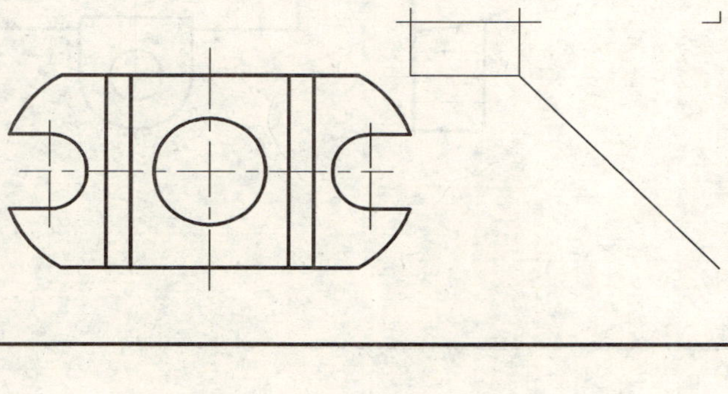

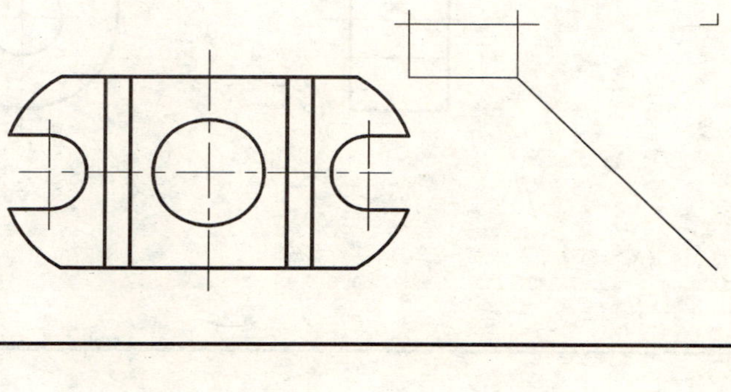

5-3 用形体分析法补画组合体的所缺视图

班级　　学号　　姓名

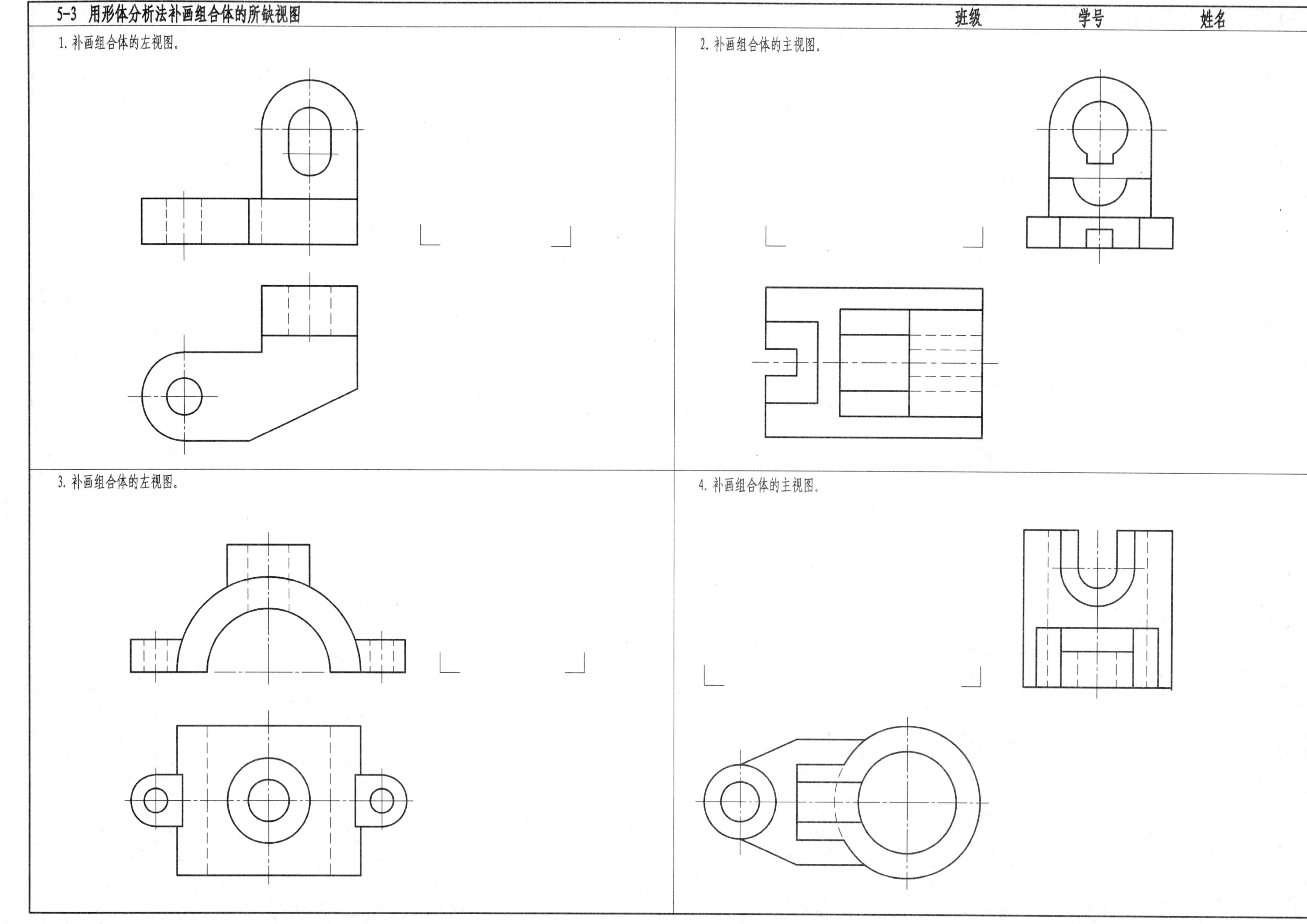

5-3 用形体分析法补画组合体的所缺视图(续)

班级　　学号　　姓名

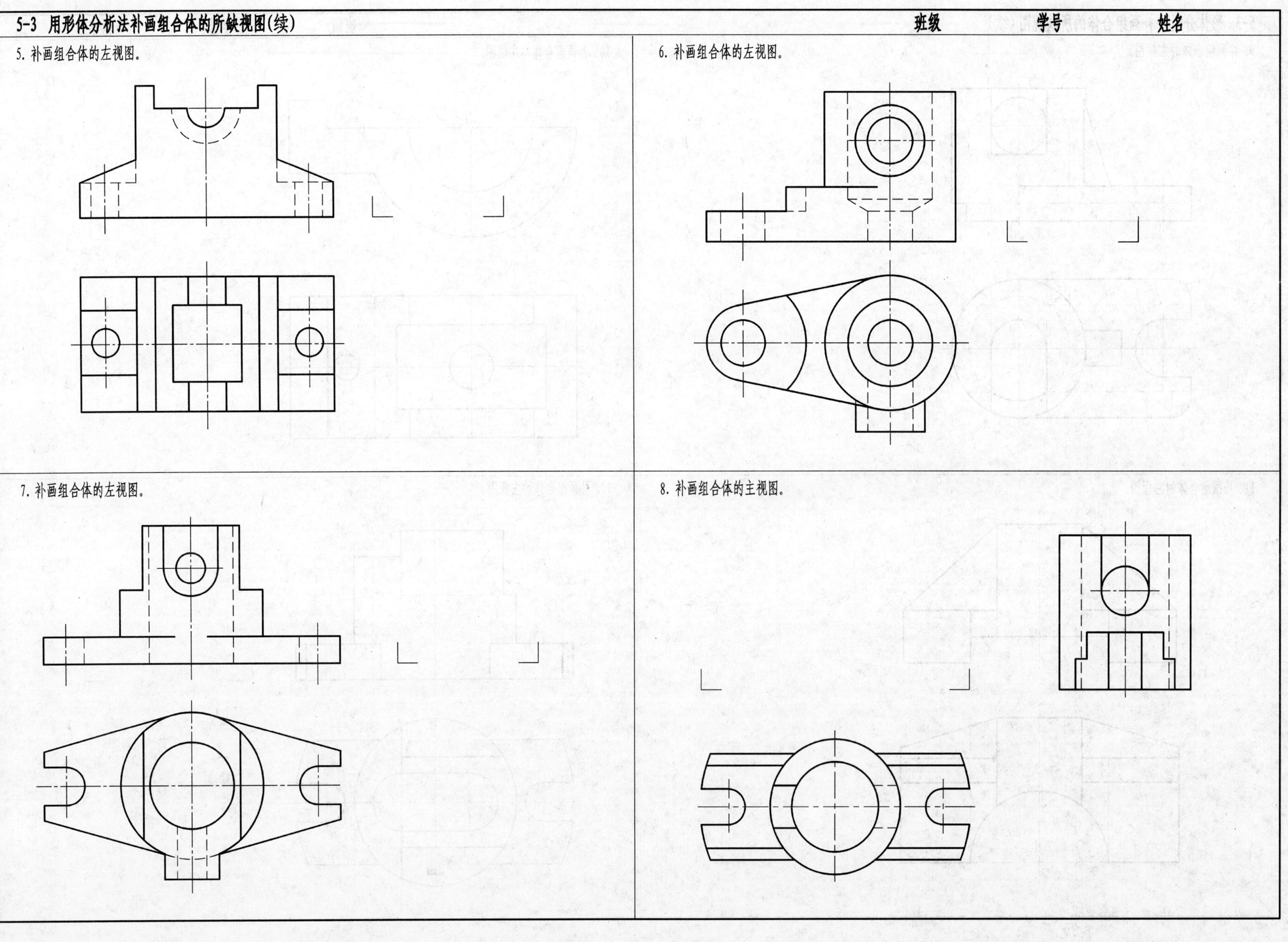

5-3 形体分析法补画组合体的所缺视图(续)

班级　　学号　　姓名

9. 补画组合体的左视图。

10. 补画组合体的左视图。

11. 补画组合体的左视图。

12. 补画组合体的左视图。

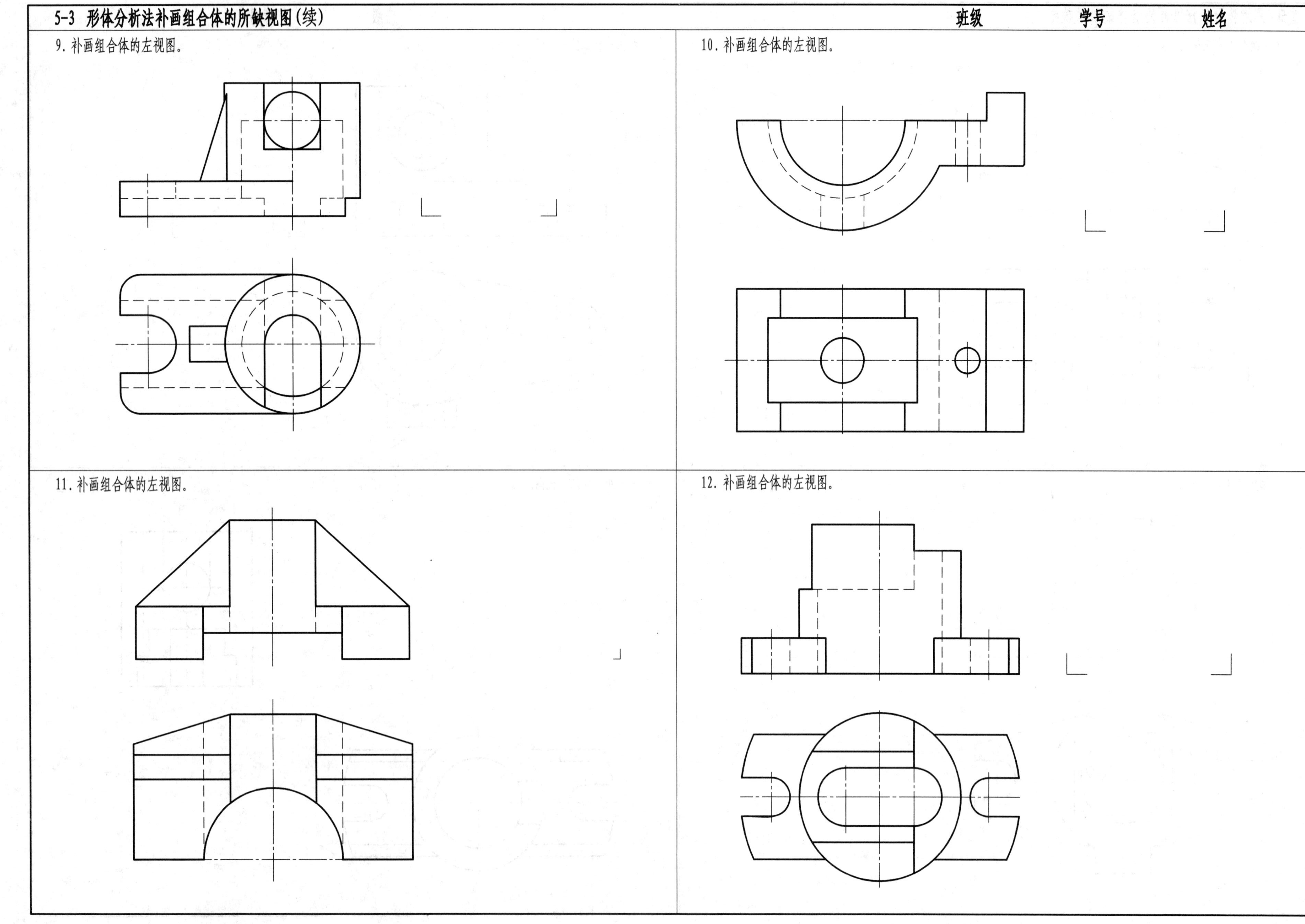

5-4 用线面分析法补画组合体的所缺视图

班级　　　学号　　　姓名

1. 补画左视图并将指定平面在其他视图中标出。

2. 补画左视图并将指定平面在其他视图中标出。

3. 补画俯视图并将指定平面在其他视图中标出。

4. 补画左视图并将指定面在其他视图中标出。

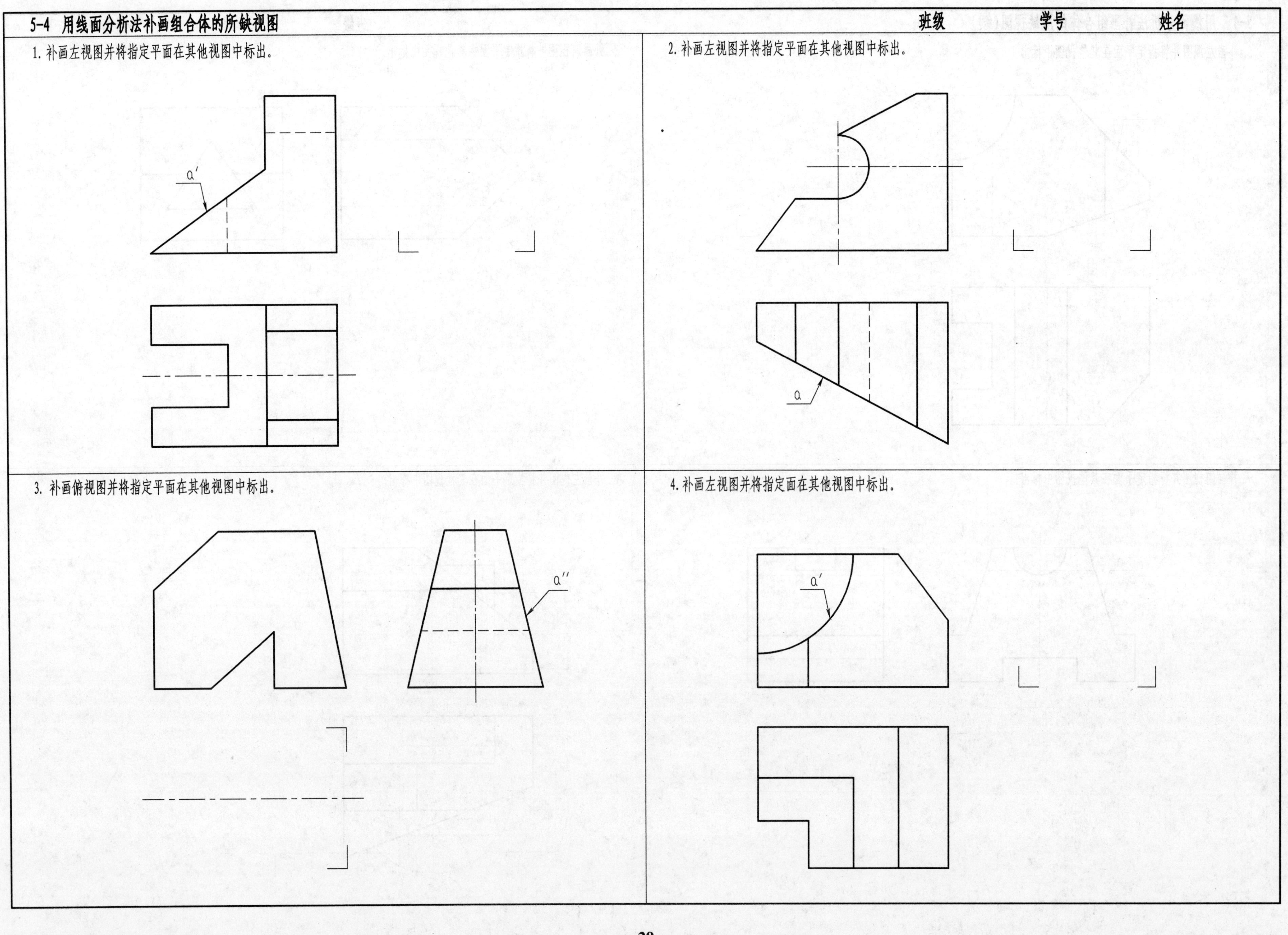

5-4 用线面分析法补画组合体的所缺视图(续)

班级　　学号　　姓名

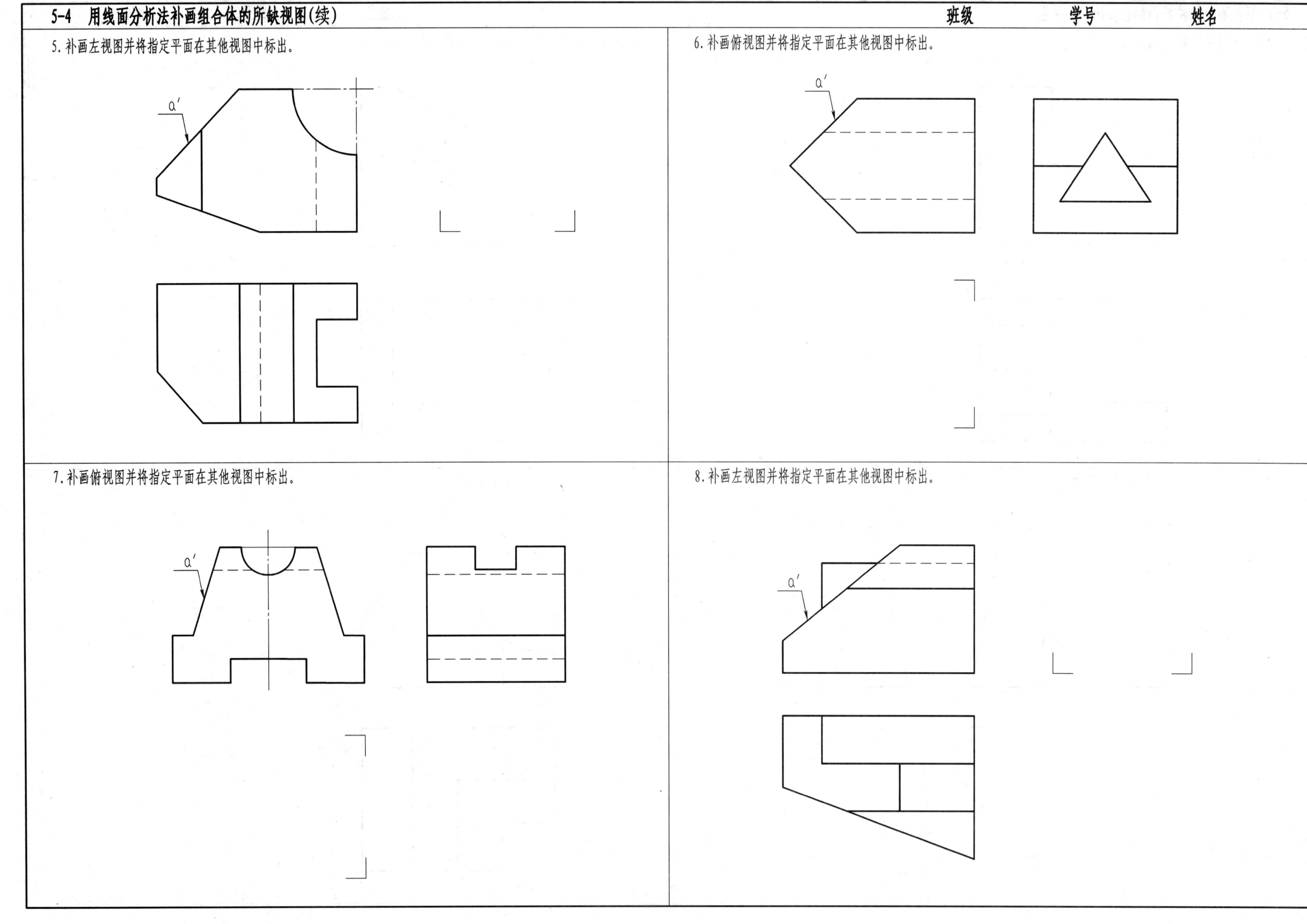

5-5 组合体的尺寸标注练习

班级　　学号　　姓名

检查图中尺寸标注的错误，并用正确的方法标注在右图中。

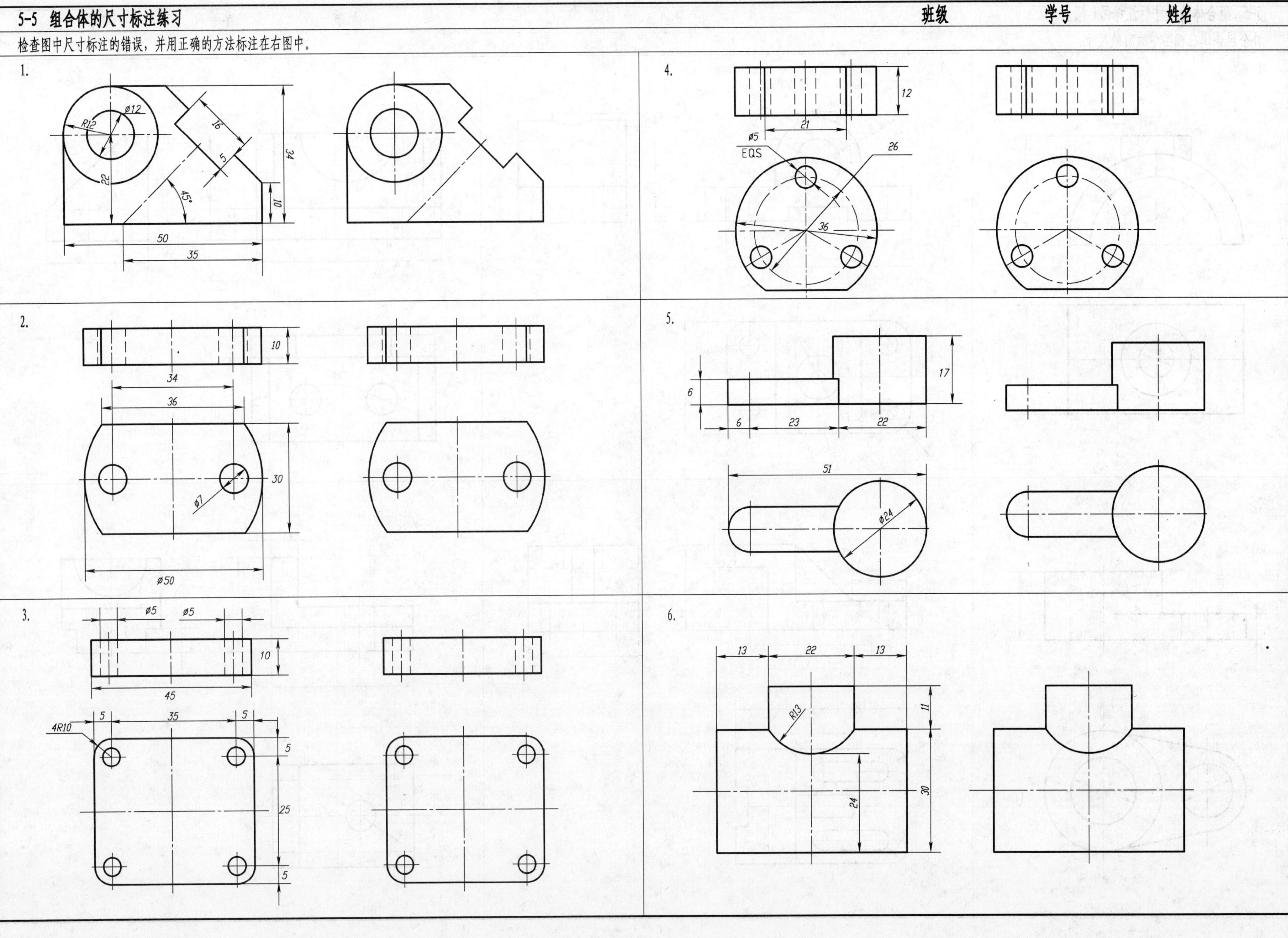

5-5 组合体的尺寸标注练习（续）

班级　　　　学号　　　　姓名

补全组合体三视图中的所缺尺寸。

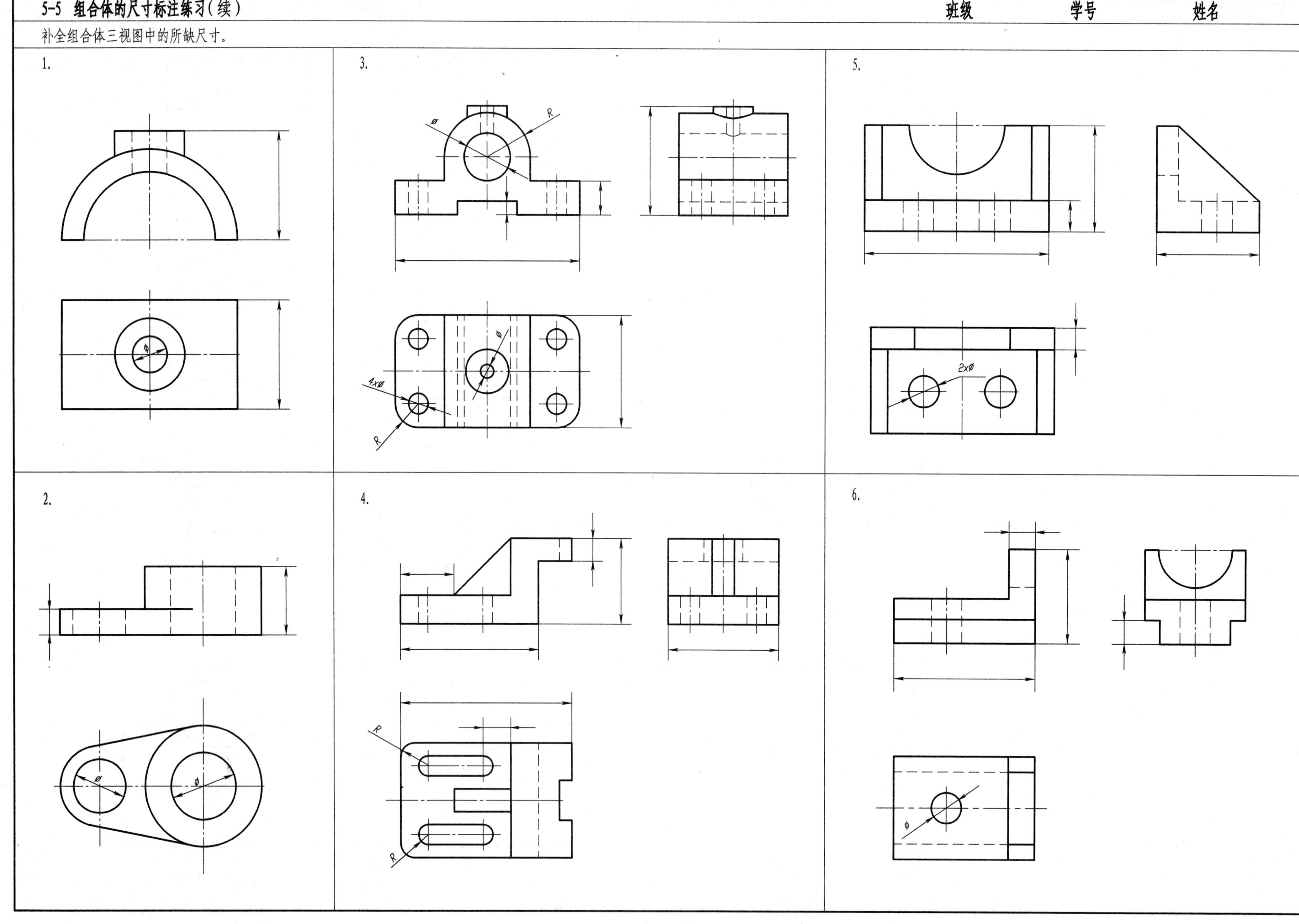

5-6 三维建模

班级 学号 姓名

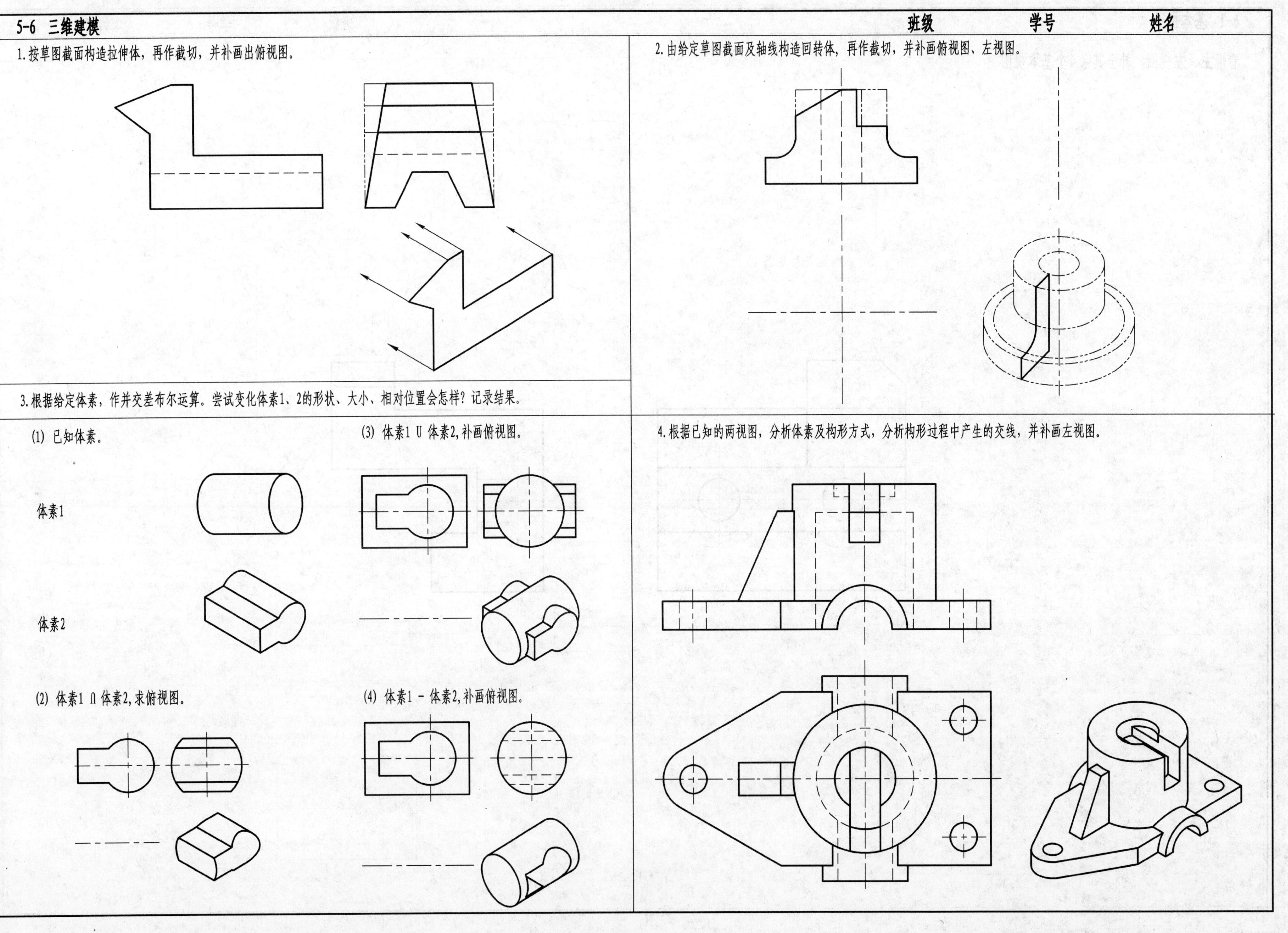

六、机件的各种表达方法

6-1 基本视图

班级　　学号　　姓名

看懂主、左视图，补全其余4个基本视图。

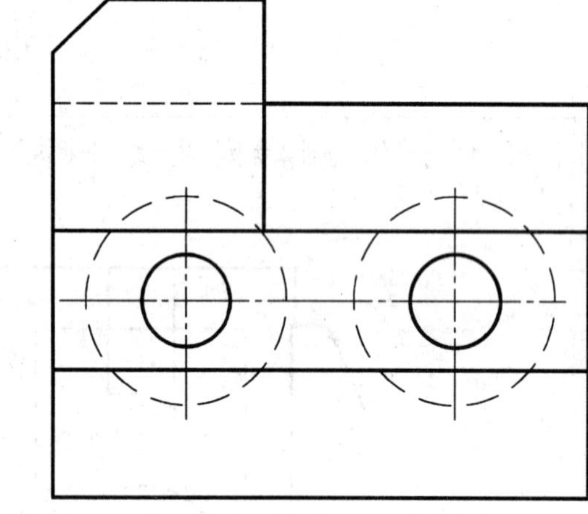

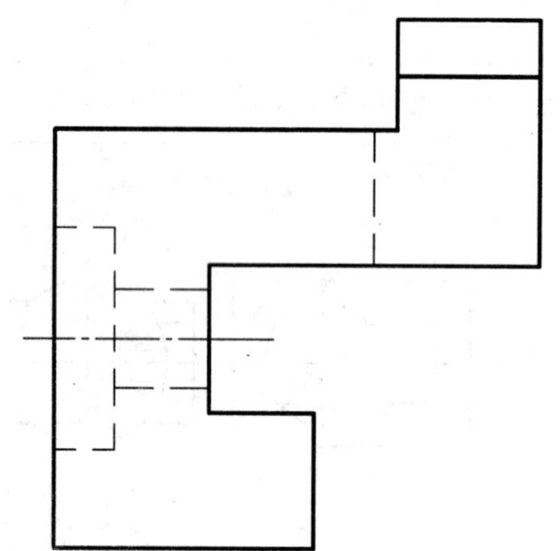

6-2 补画剖视图中的漏线

班级　　学号　　姓名

1.

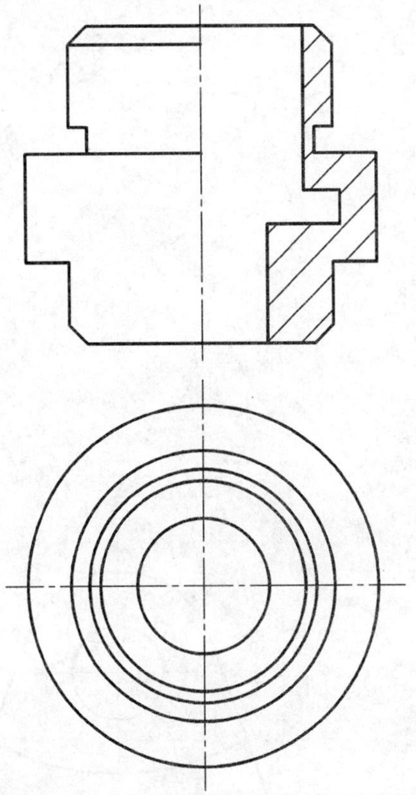

2.

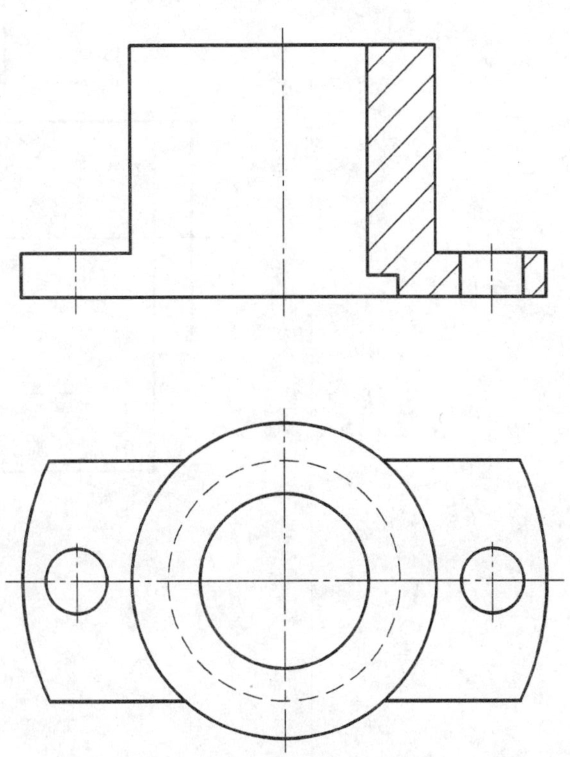

3.

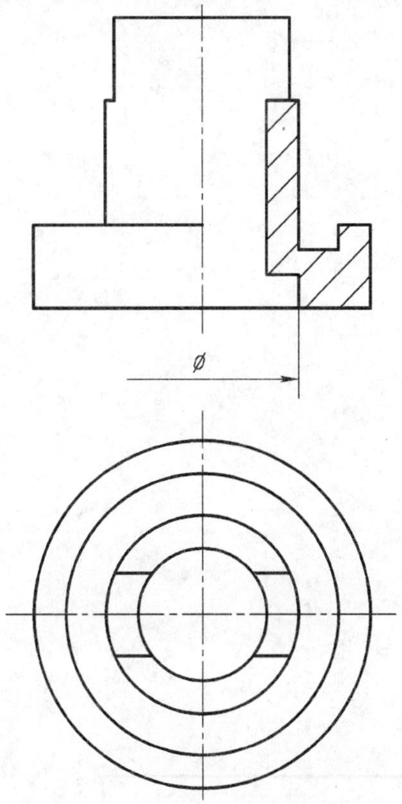

ø

4.

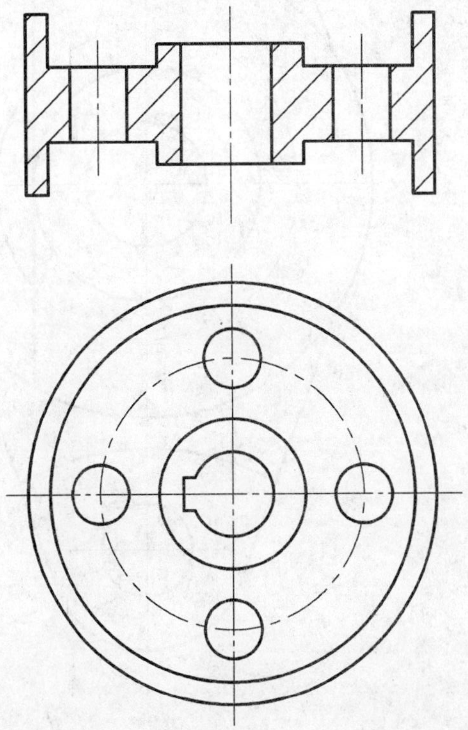

5.

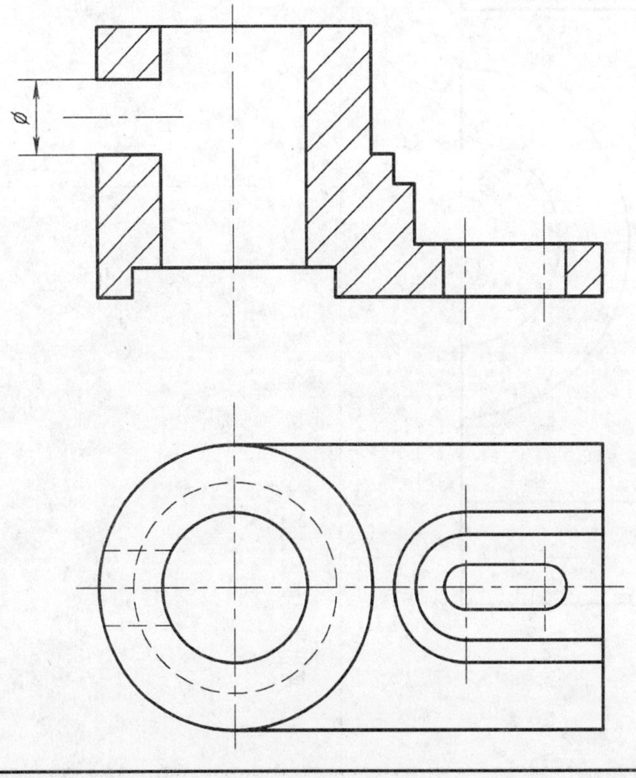

ø

6.

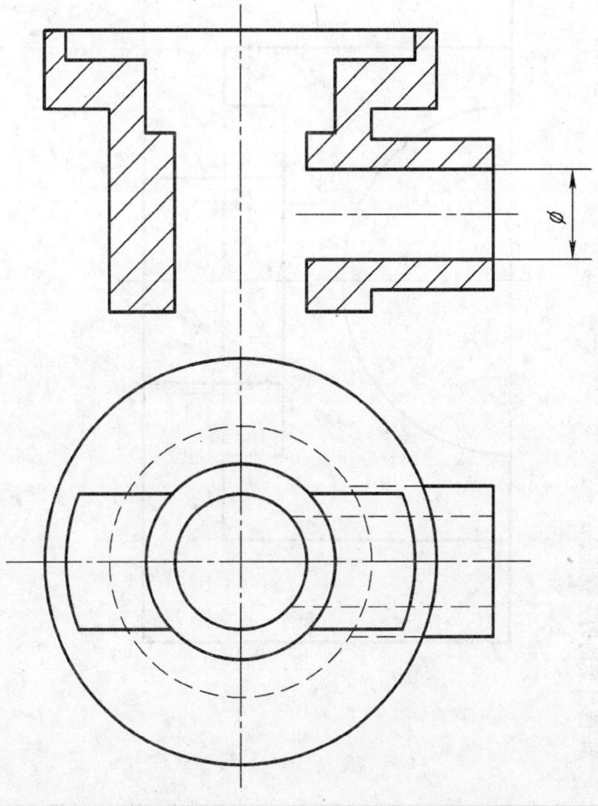

ø

6-3 剖视图练习 班级 学号 姓名

1. 画出全剖的左视图。

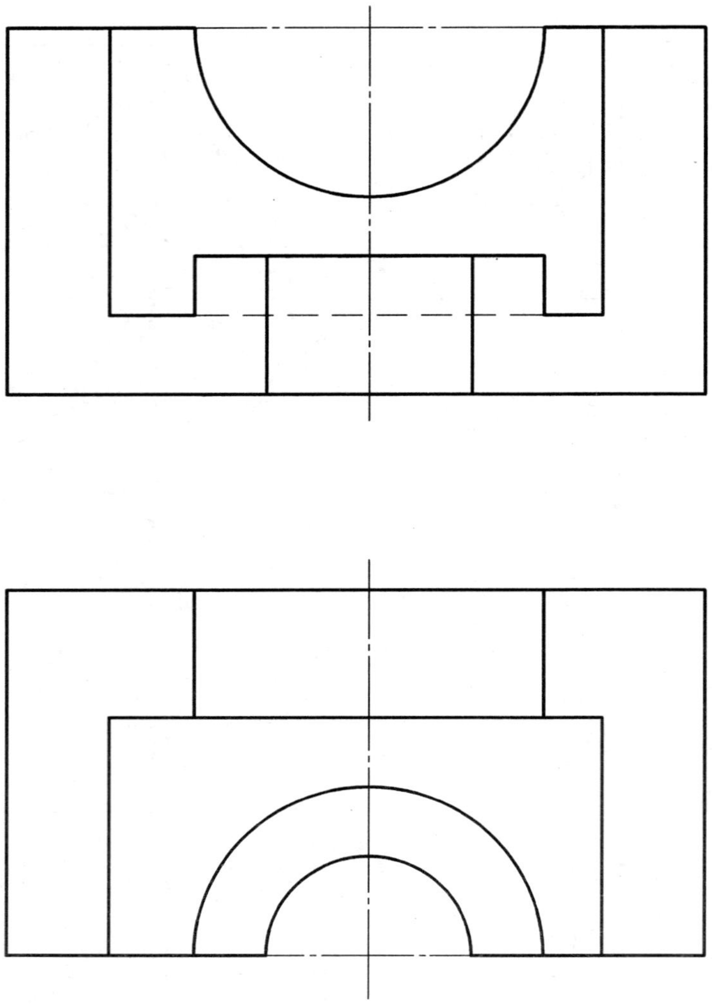

2. 画出半剖的主视图。

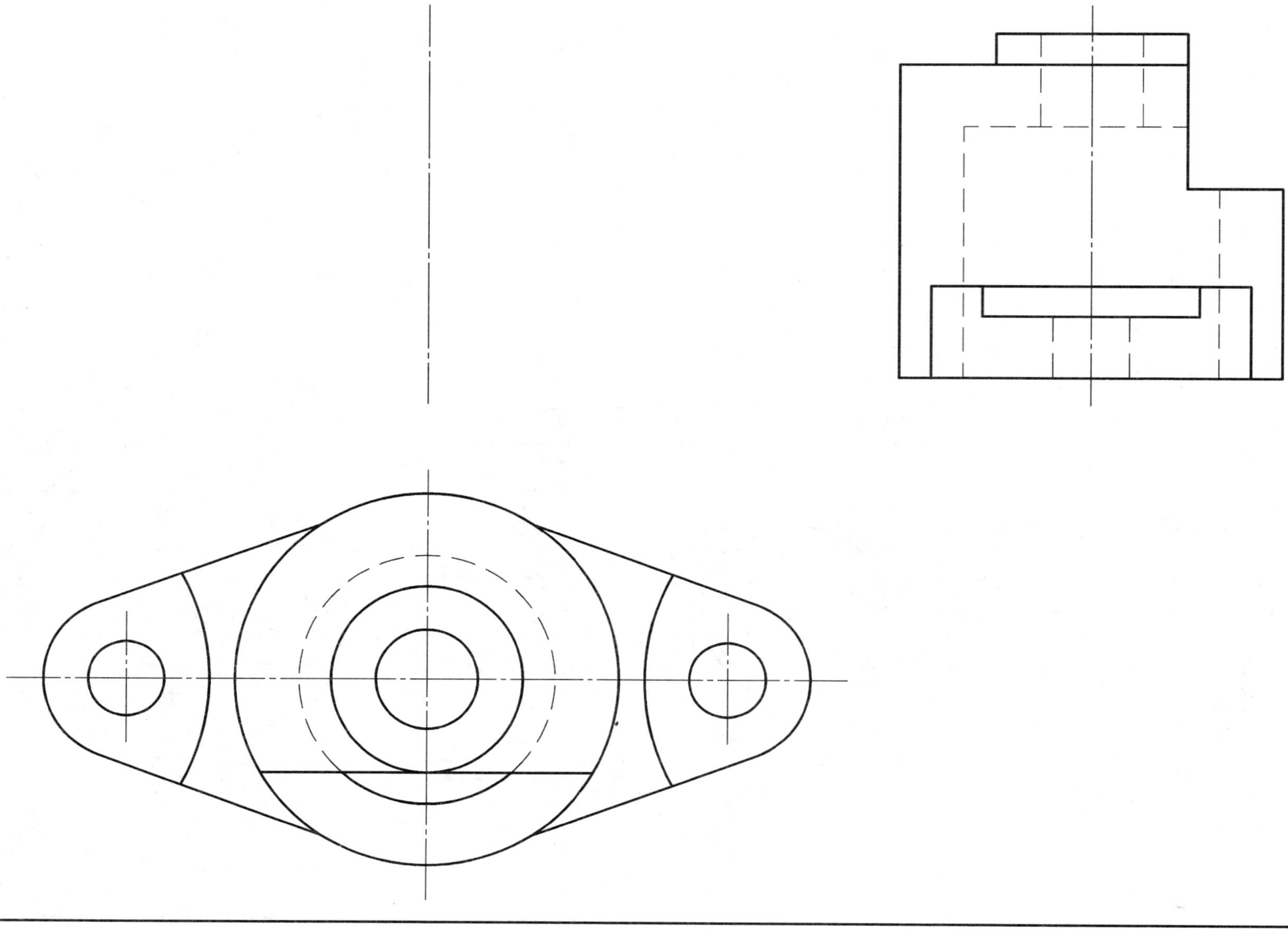

3. 画出半剖的主视图和半剖的左视图。

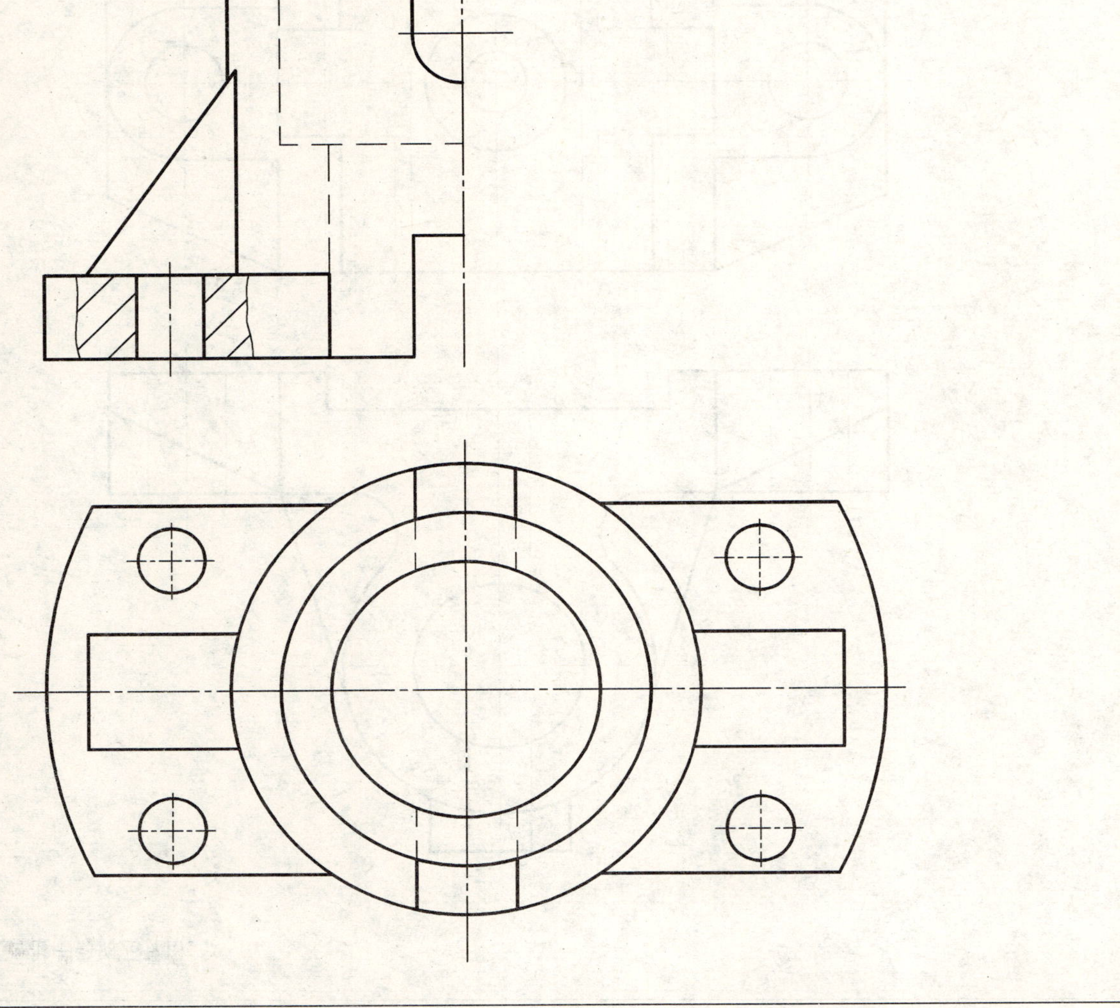

4. 画出半剖的主视图和全剖的左视图。

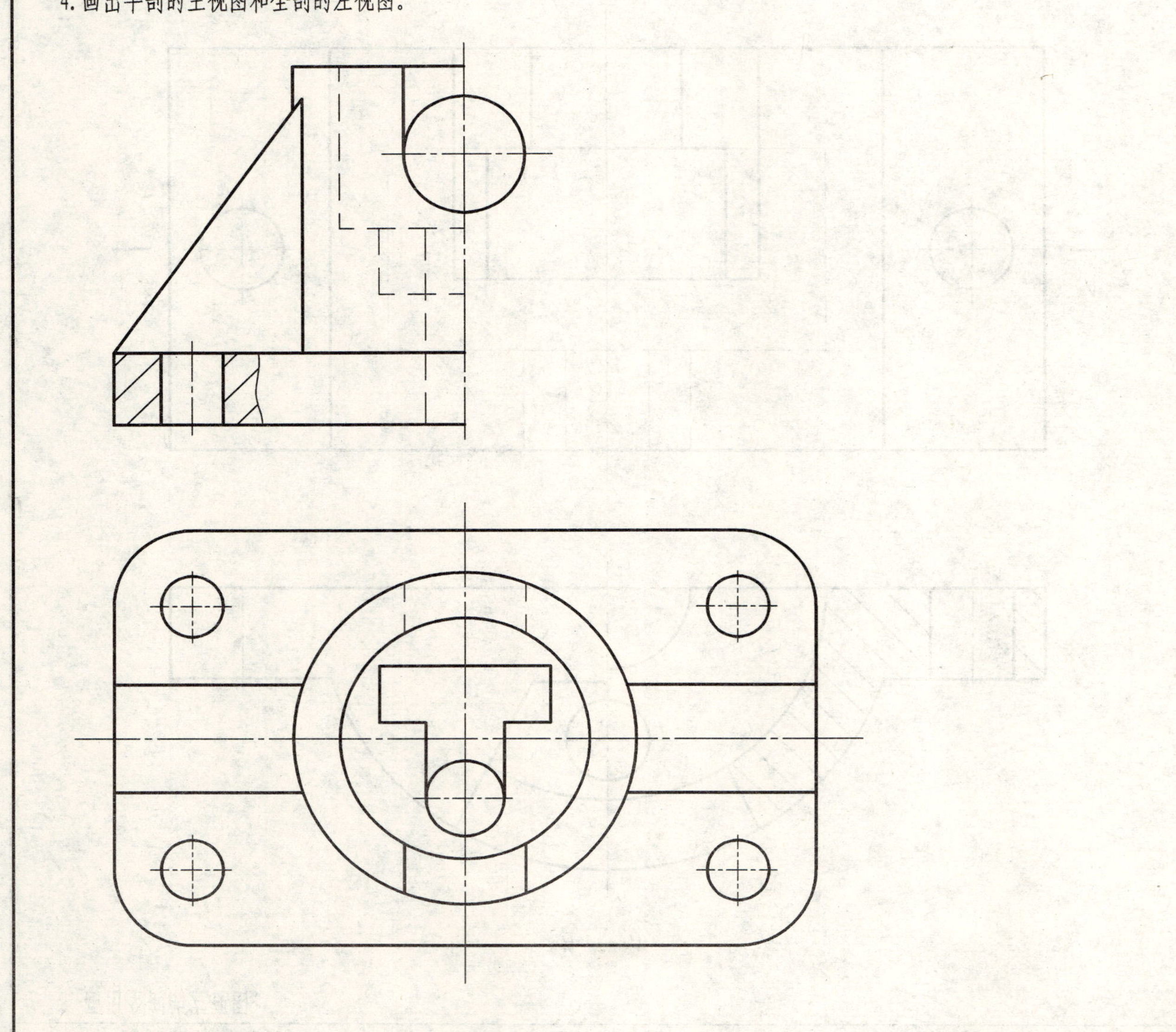

5.画出全剖的左视图。

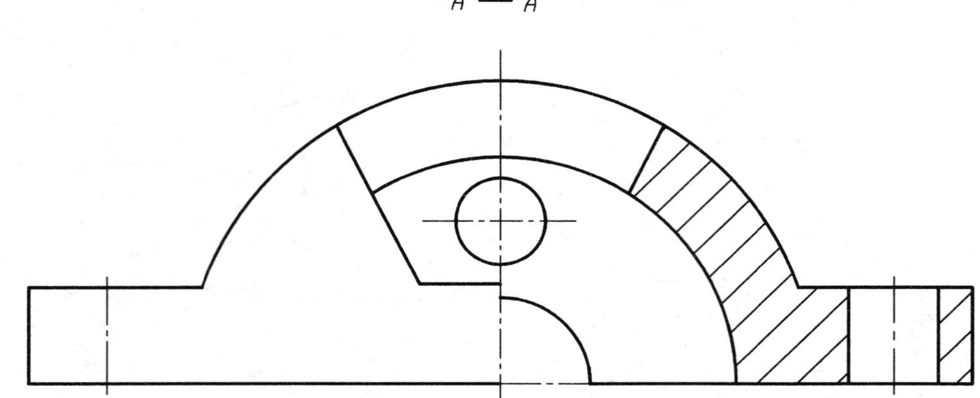

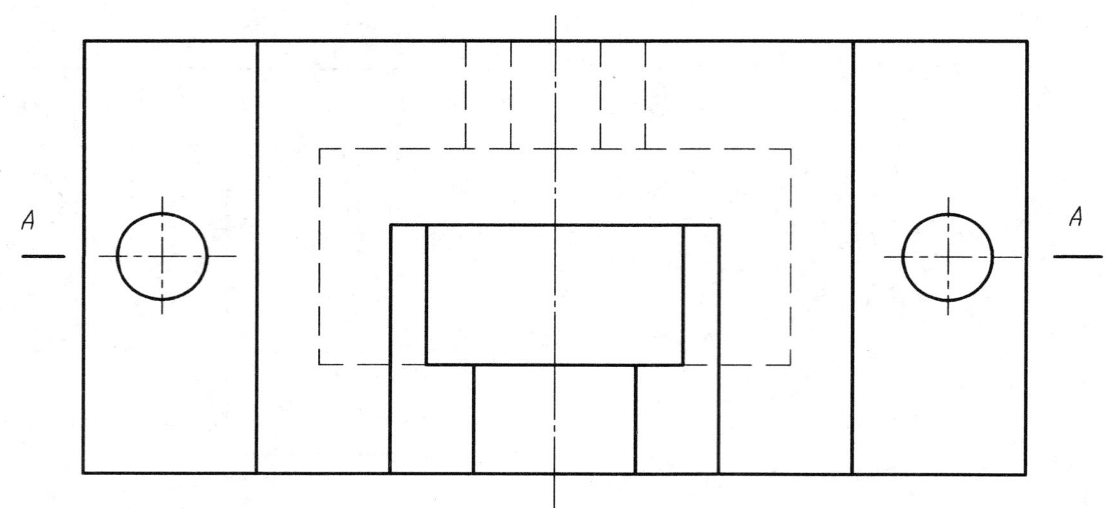

6.画出半剖的左视图。

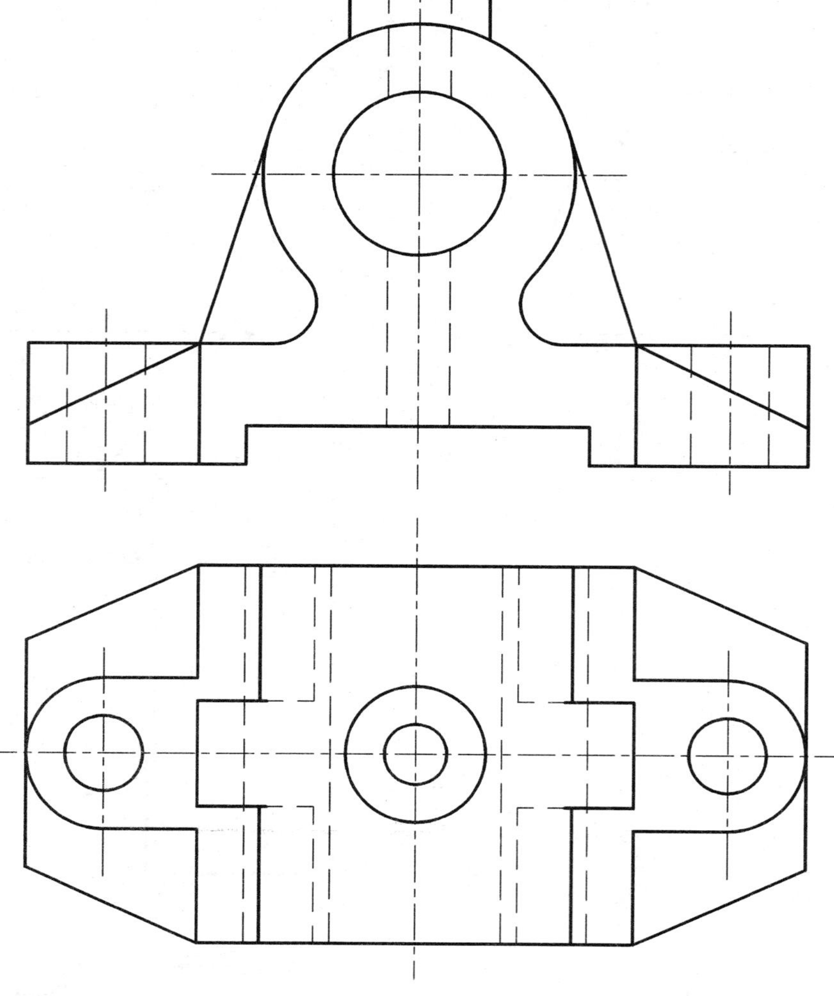

6-3 剖视图练习(续)

班级　　学号　　姓名

7. 将主视图按指定位置剖开，画成全剖视图并标注。

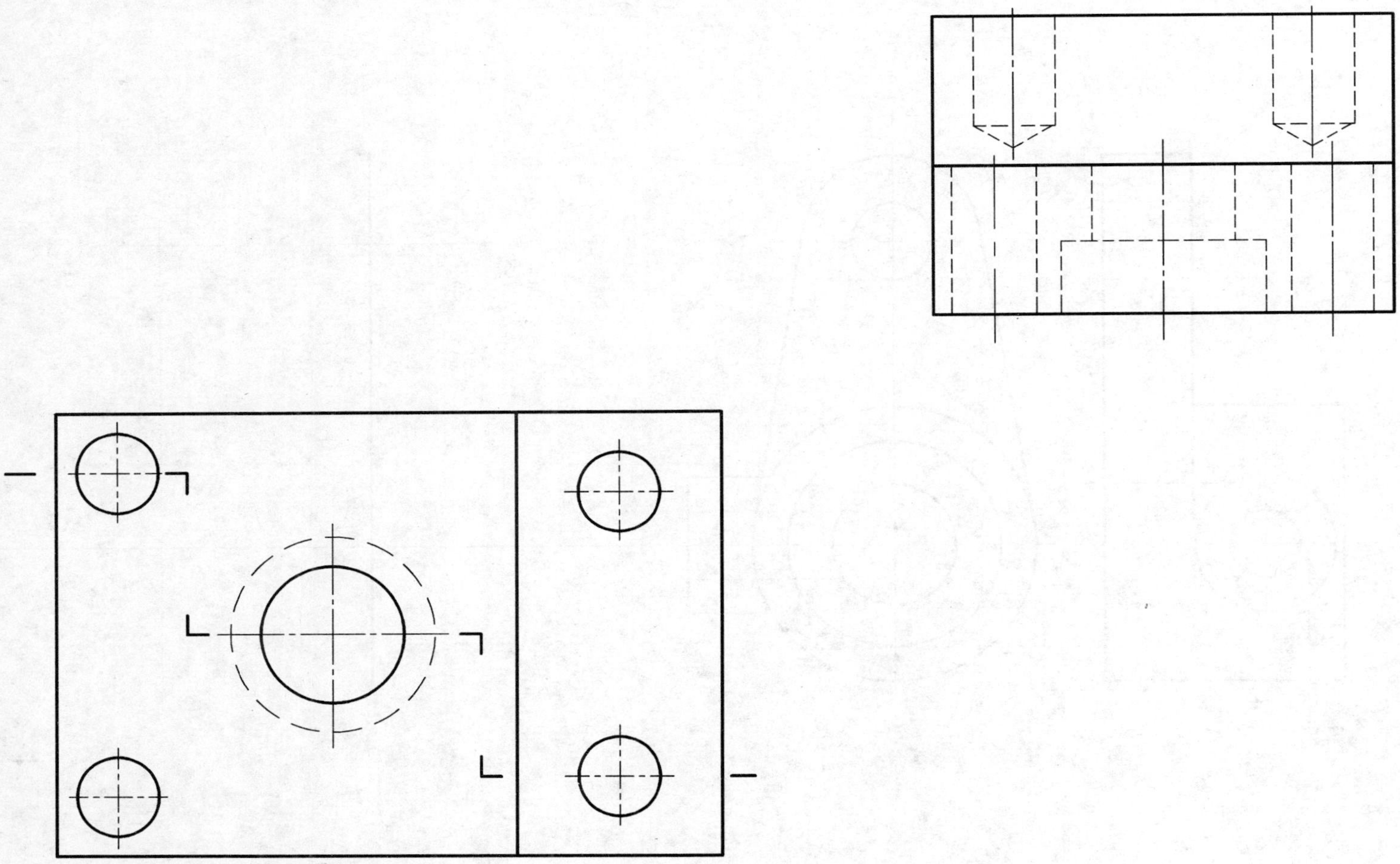

8. 将左视图按指定位置剖开，画成全剖视图并标注。

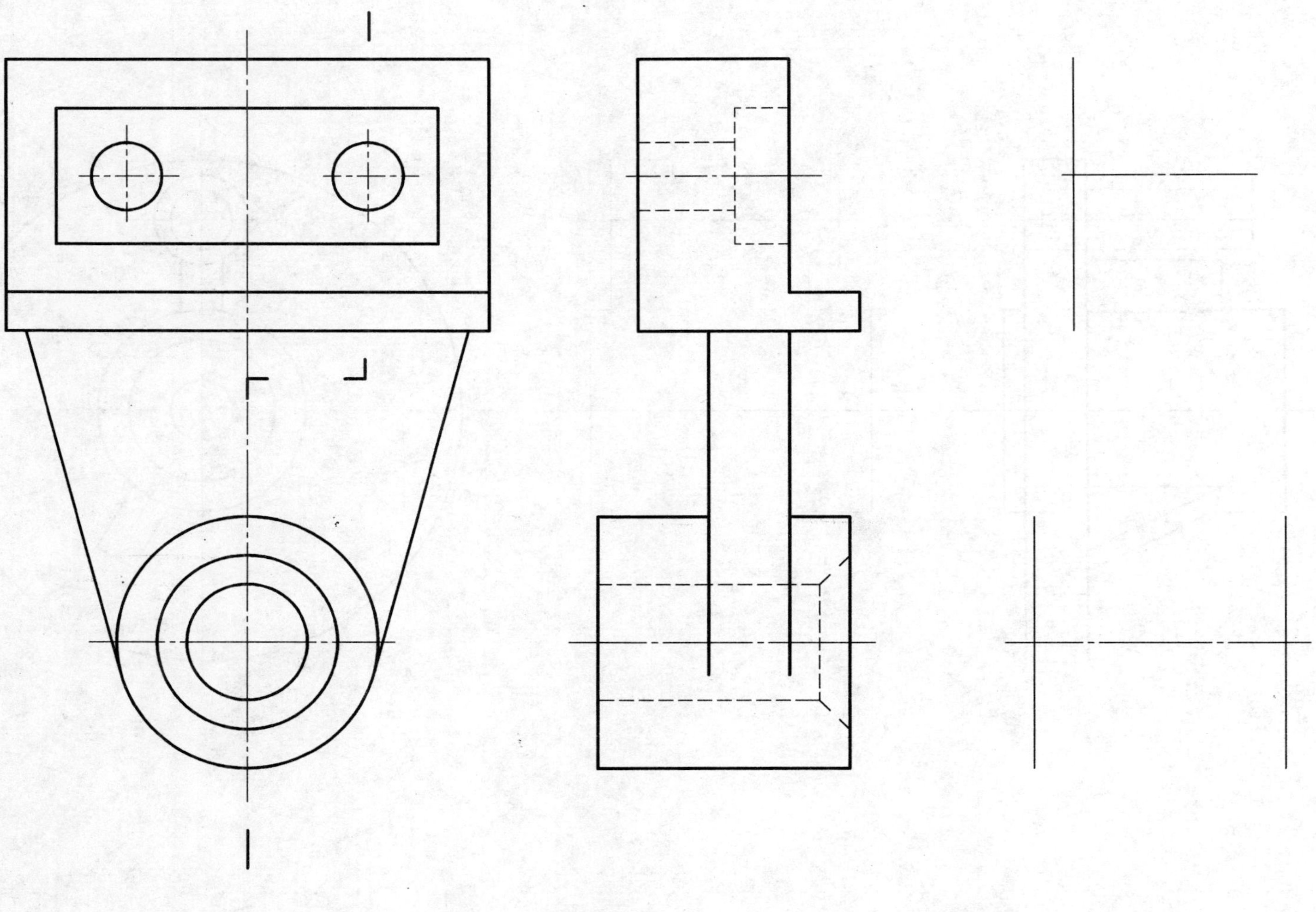

6-3 剖视图练习(续)

班级　　　　学号　　　　姓名

9. 把主视图画成剖视图,并按国家标准的规定补全标注。

10. 将主、俯视图画成适当的局部剖视图。

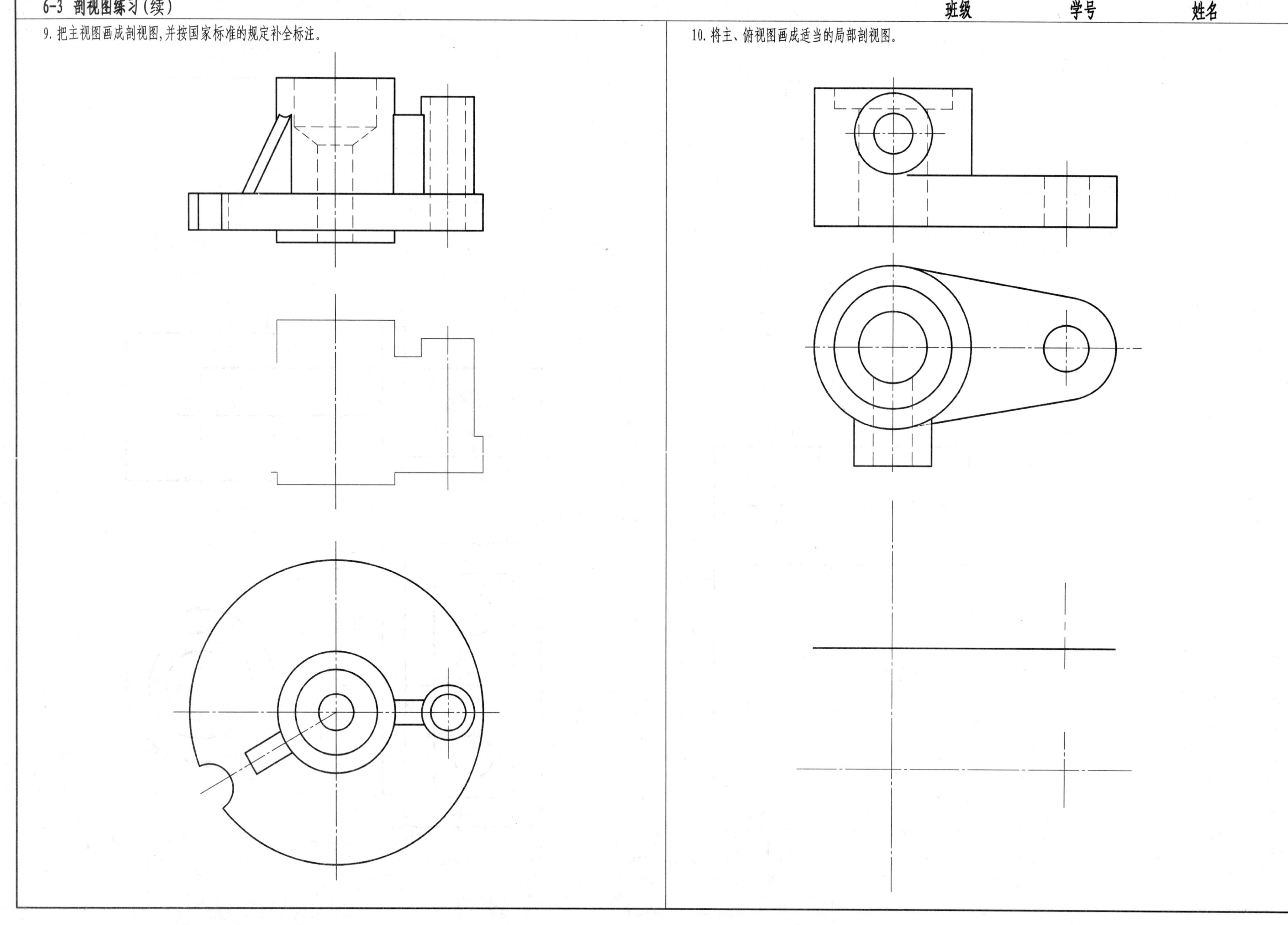

6-4 断面图练习　　班级　　学号　　姓名

1. 画出轴在指定位置的移出断面（键槽深4mm），并按国家标准的规定补全标注。

2. 改错并画出正确的图形。

(1)

(2)

(3)

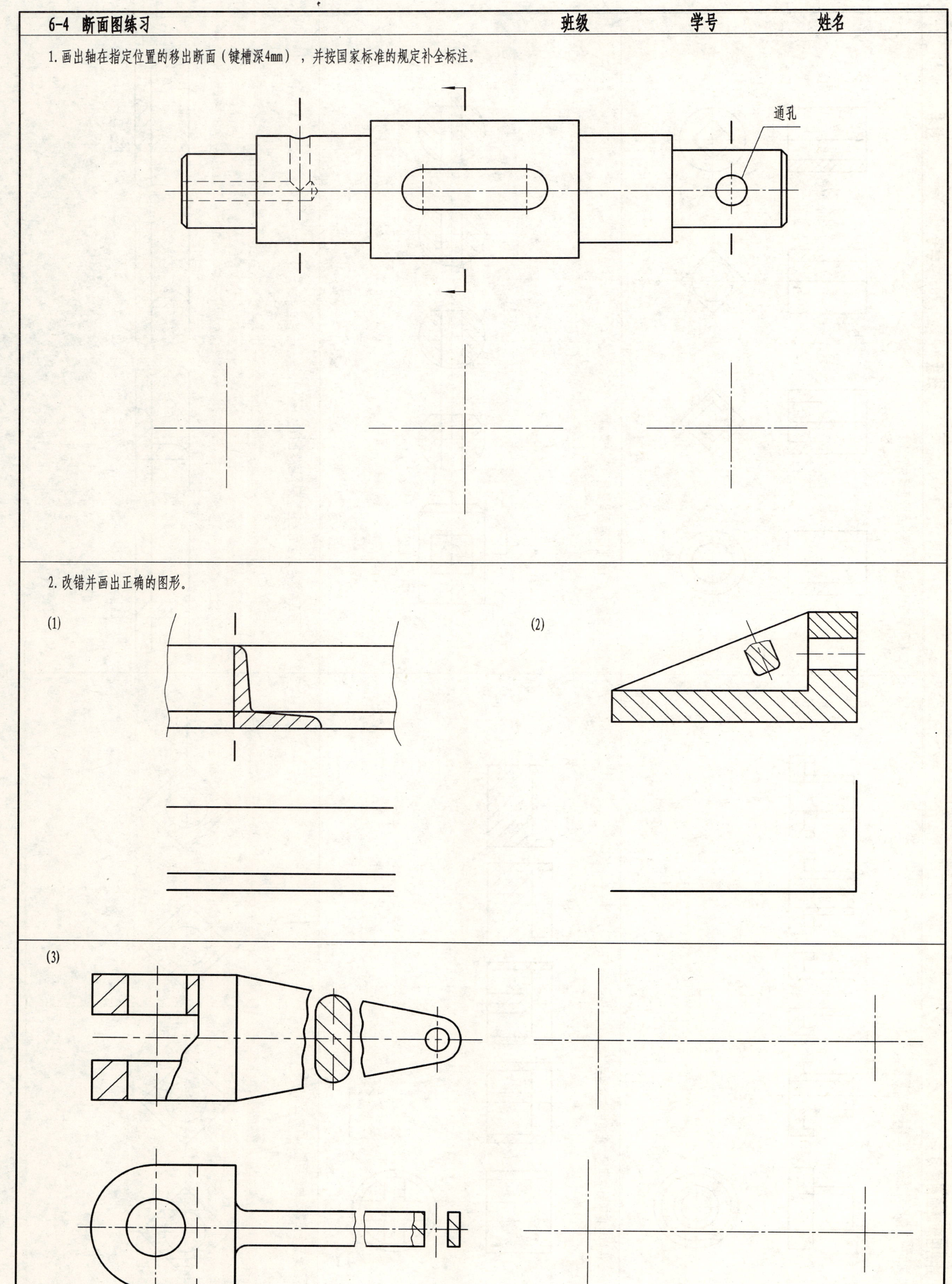

6-5 剖视图和断面图练习

班级　　学号　　姓名

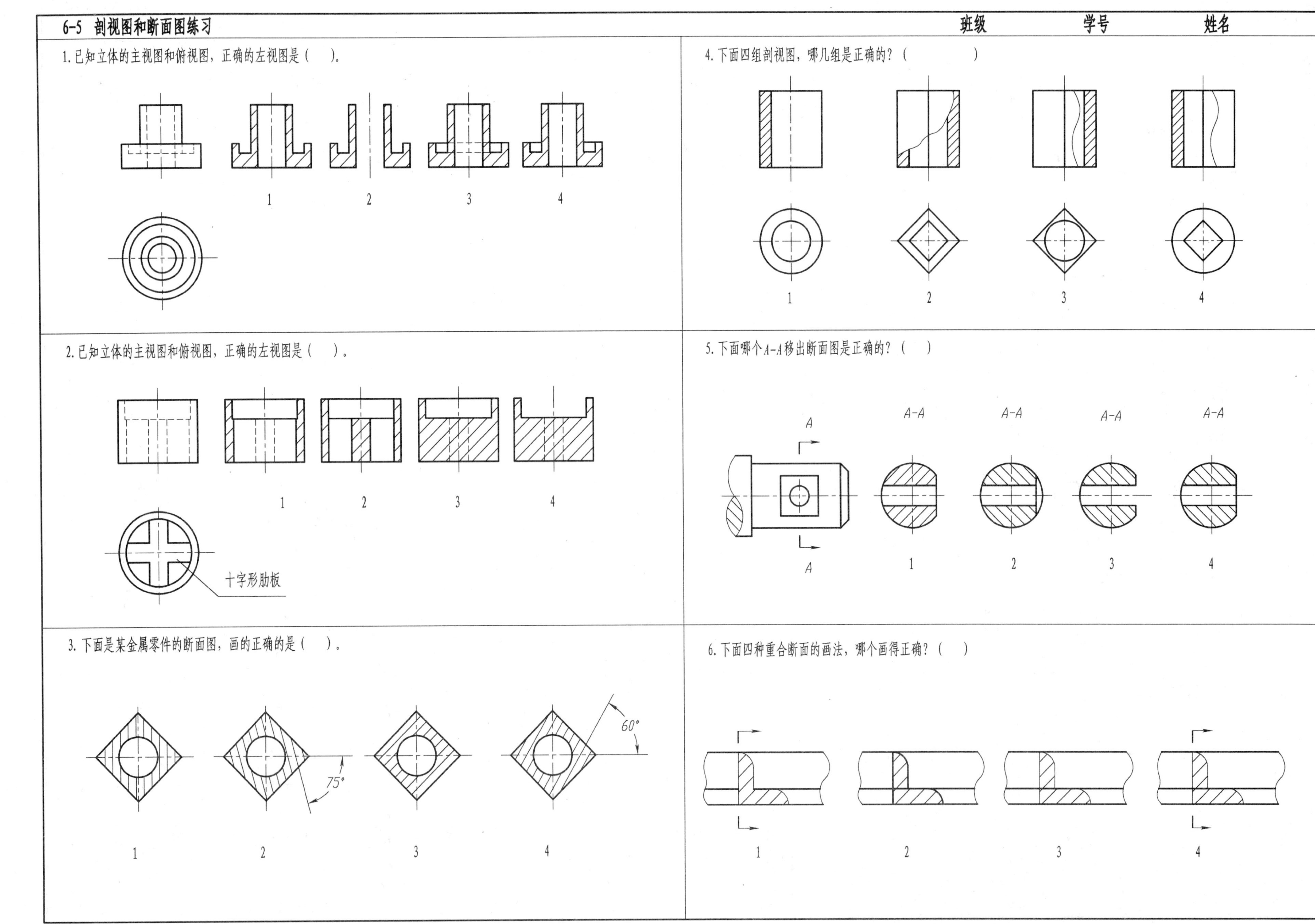

七、标准件及常用件

7-1 螺纹的规定画法

班级　　学号　　姓名

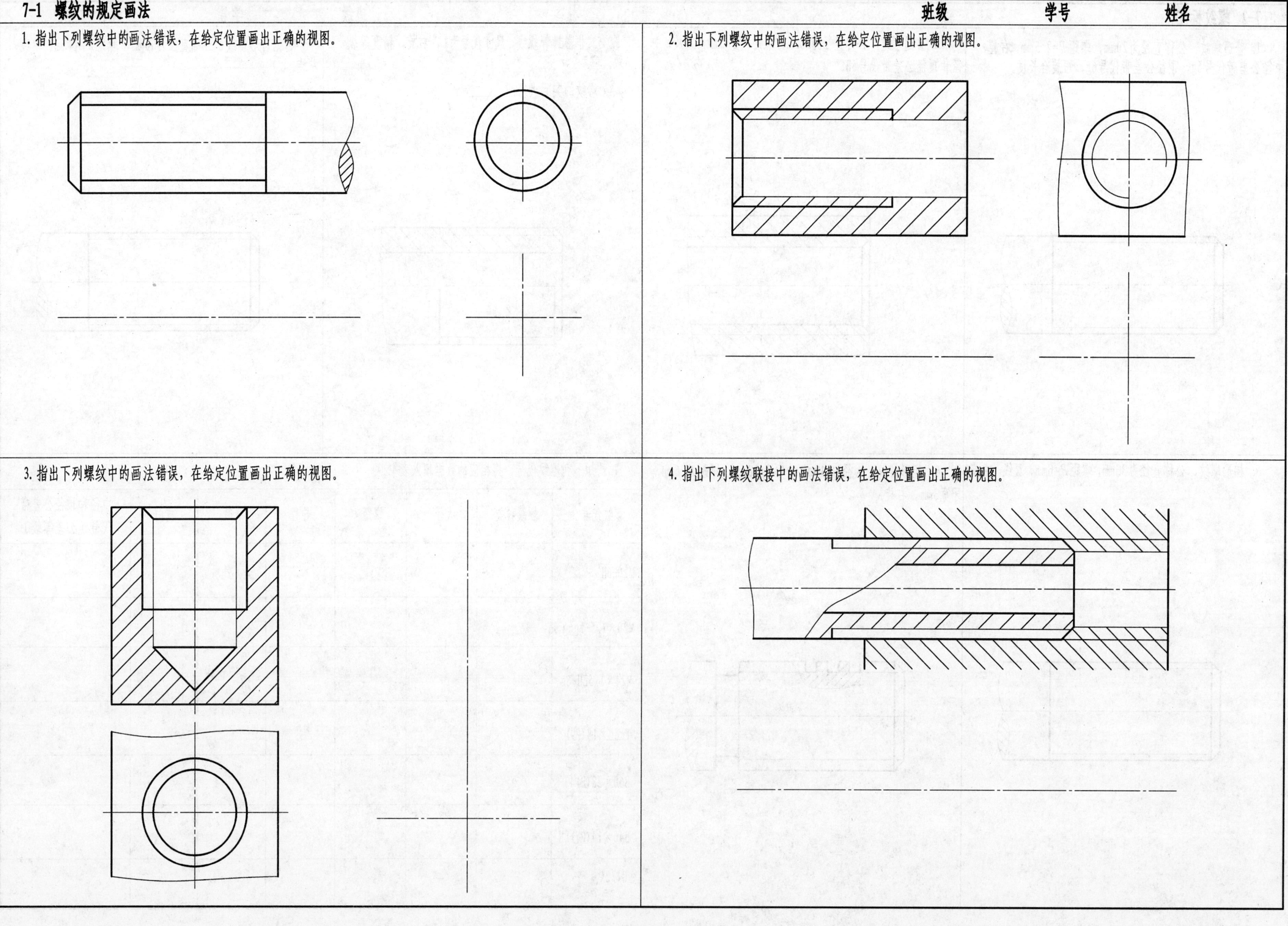

1. 指出下列螺纹中的画法错误，在给定位置画出正确的视图。

2. 指出下列螺纹中的画法错误，在给定位置画出正确的视图。

3. 指出下列螺纹中的画法错误，在给定位置画出正确的视图。

4. 指出下列螺纹联接中的画法错误，在给定位置画出正确的视图。

7-2 螺纹标注

班级　　学号　　姓名

1. 普通螺纹，公称直径为20mm，螺距P=2.5mm，右旋，中径公差带代号5g，顶径公差带代号6g，短旋合长度。

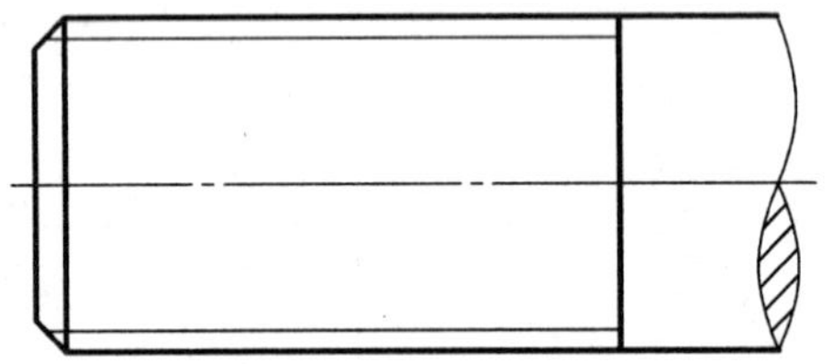

2. 普通螺纹，公称直径为20mm，螺距P=1.5mm，左旋，中径和顶径公差带代号5H。

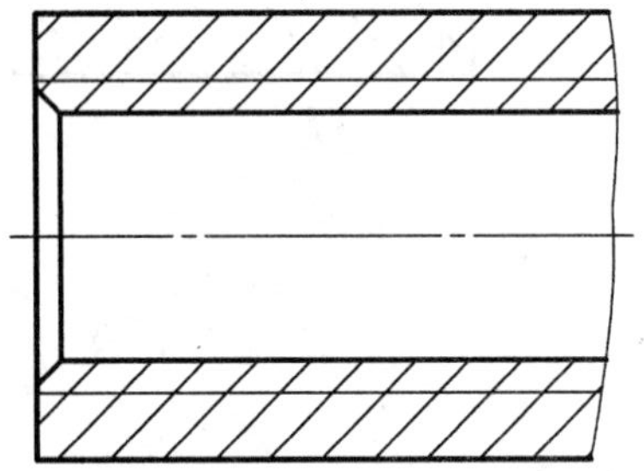

3. 55°非密封管螺纹，尺寸代号为1，右旋，精度等级A级。

螺纹的实际大径:______mm

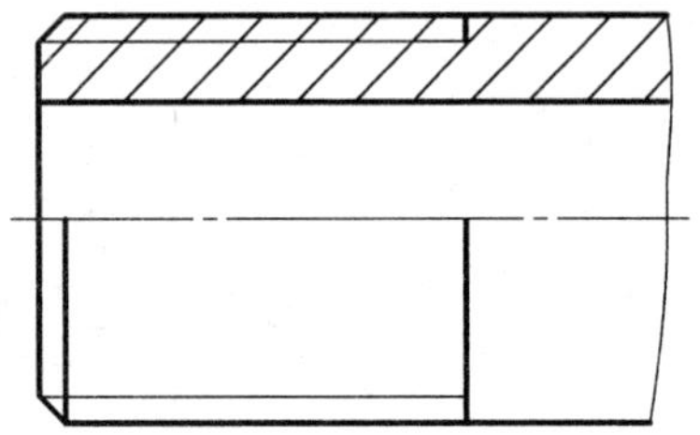

4. 锯齿形螺纹，公称直径为60mm，螺距P=14mm，单线，左旋。

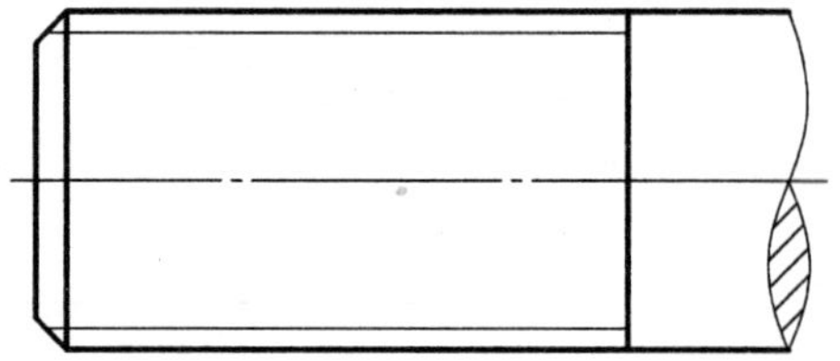

5. 梯形螺纹，公称直径为36mm，螺距P=6mm，双线，右旋。

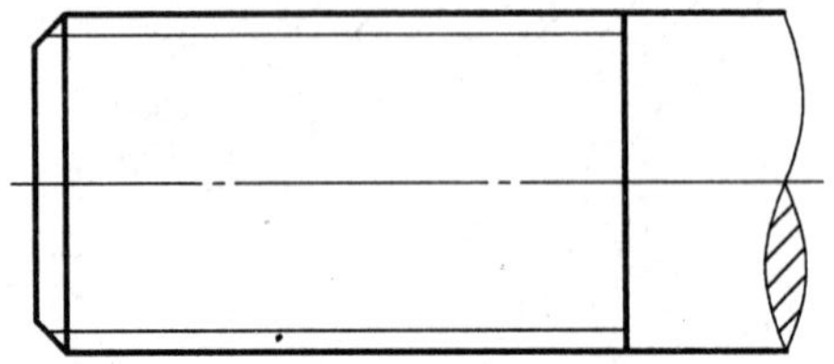

6. 矩形螺纹，大径为24mm，小径为18mm，螺距P=6mm，牙宽3mm，右旋。

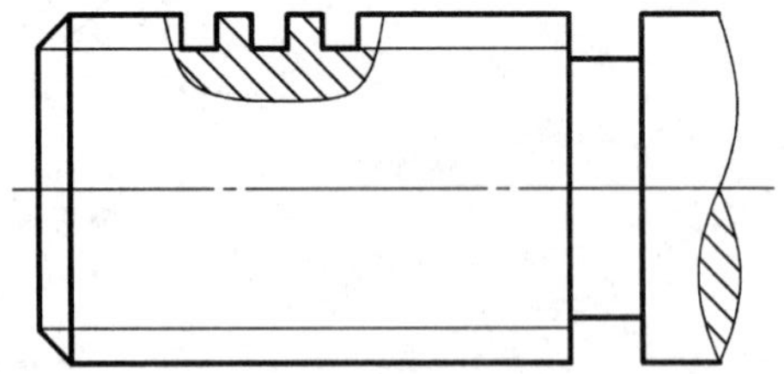

7. 已知下列螺纹代号，将相应的数据填入表中。

螺纹代号	螺纹种类	大径	螺距	导程	线数	旋向	中径和顶径公差带代号（公差等级）
M20-6H							
M20×1.5-5g6g							
M24×1.5LH-6g							
Tr60×18(P9)							
B60×28(P14)							
B40×14(P7)LH							
G1/2A							

7-3 螺纹联接件

班级　　学号　　姓名

1. 已知：螺钉M6(GB/T68—2000)，被联接件尺寸如图所示，材料为铸铁，查出所需数据并在图上标注。

8　90°　ø13　8　ø6.6　16

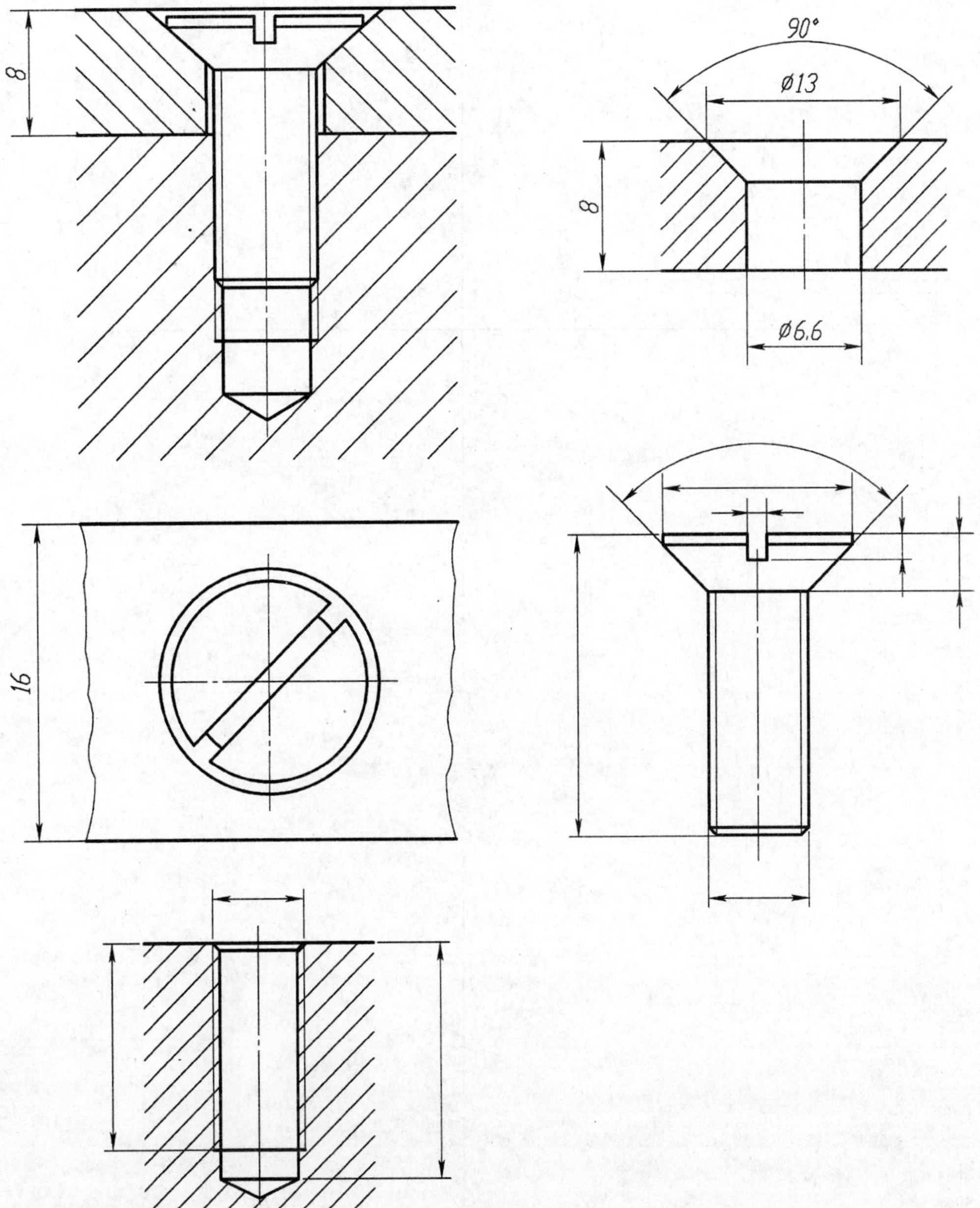

2. 已知：被联接件尺寸如图所示，材料为Q235，用六角头螺栓M24(GB/T5782—2000)联接，查出所需数据并在图上标注。

M24　40　40　60

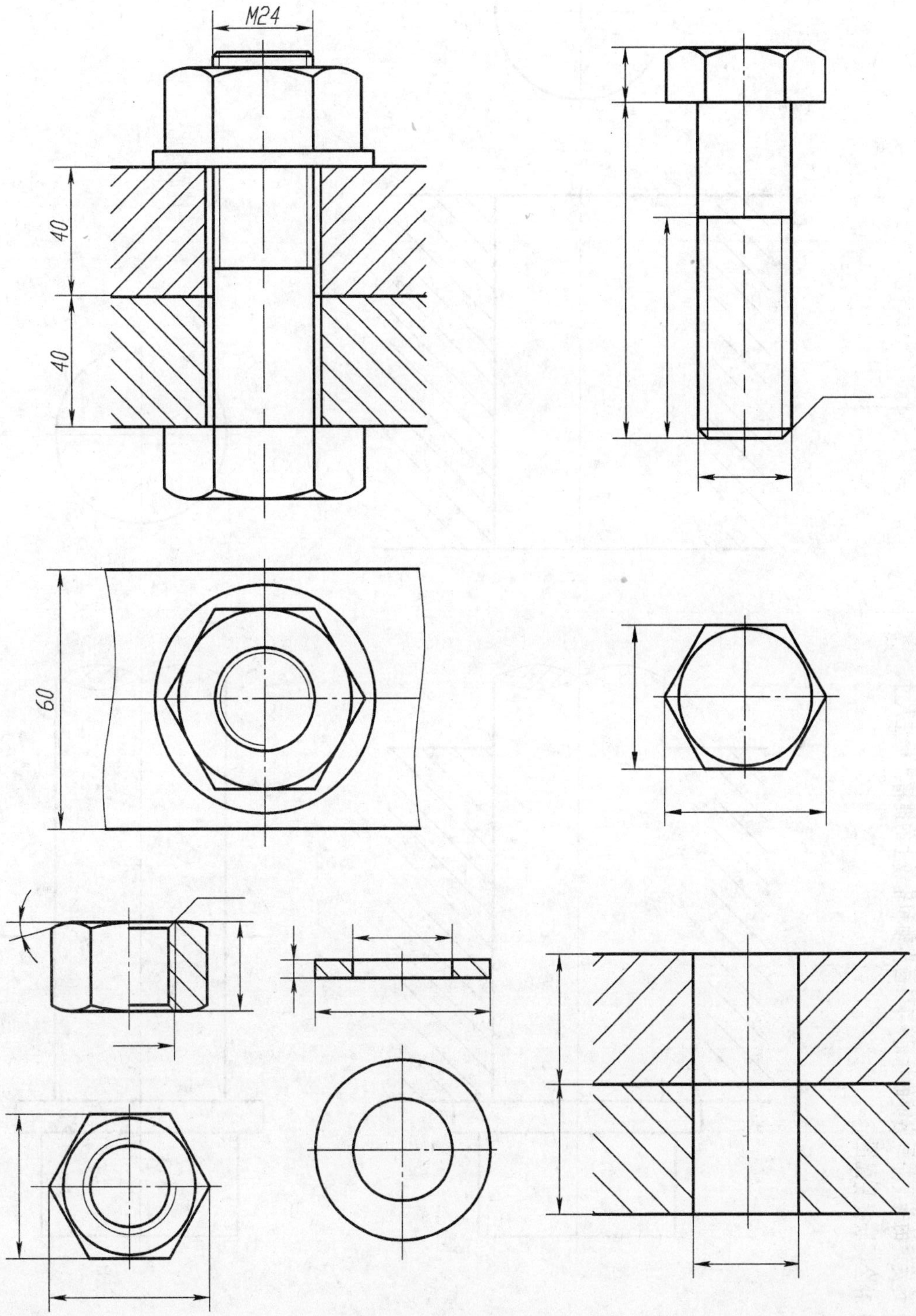

3. 螺纹联接练习（比例画法）

1）已知被联接件1厚度8mm，被联接件2材料为铸铁，宽度15mm；沉头螺钉M6，用A4图纸画螺钉联接，比例5:1。

2）已知被联接件1厚度40mm，被联接件2厚度40mm，宽度60mm；螺栓公称直径M24，用A4图纸画螺栓联接，比例1:1。

7-4 键联接、齿轮　　班级　　学号　　姓名

1. 已知：轴直径25mm，轮毂长50mm，设计键联接。

1）选定键的长度并写出键的标记，1:1画出轴和轮毂上的键槽，标注尺寸。

2）补全键联接装配图。

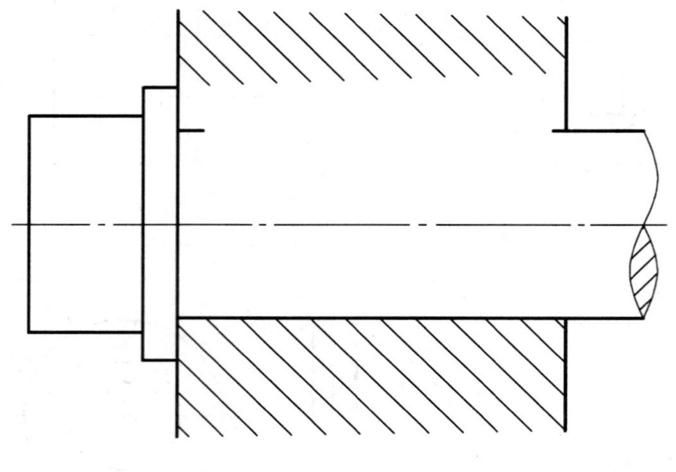

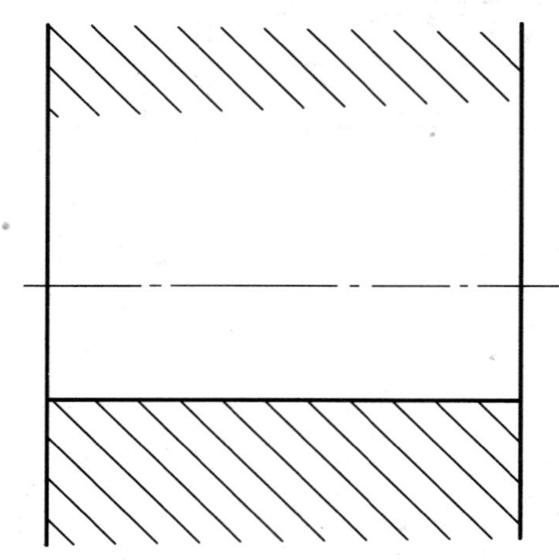

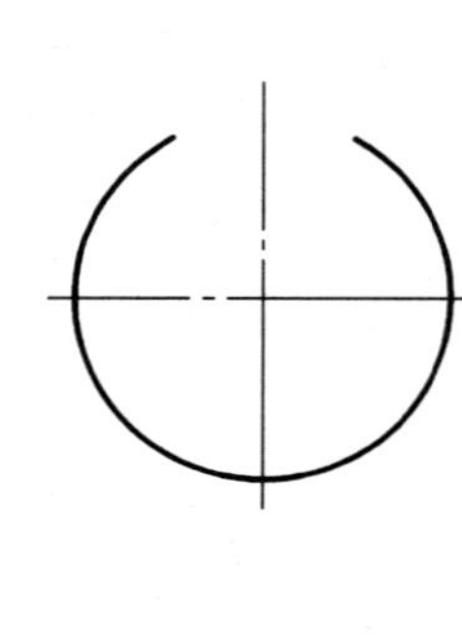

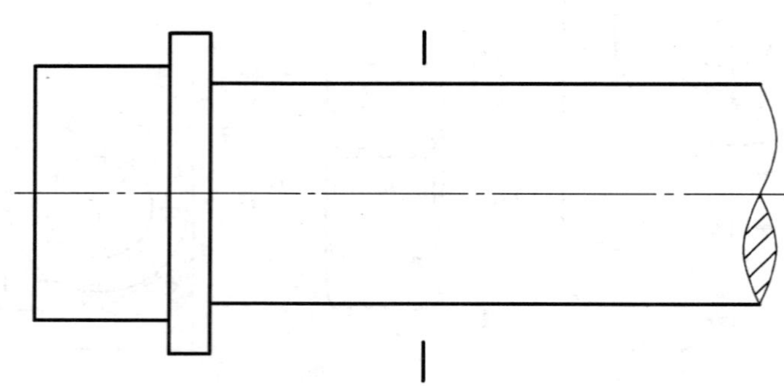

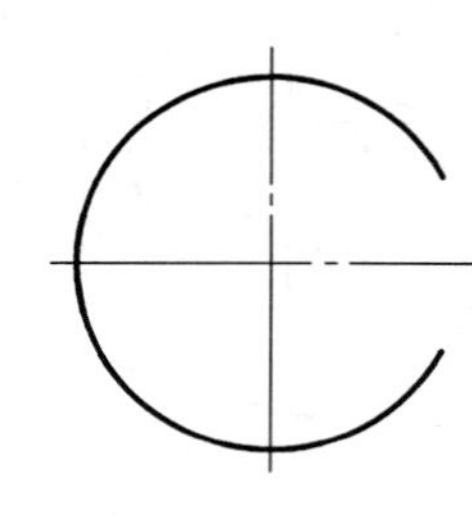

键的标记：

2. 已知：实心式圆柱齿轮，齿轮模数m=3mm，齿数z=25，齿宽b=30mm，并制有普通平键轴孔，孔径D=25mm，1:1画出齿轮的主、左视图，并标注尺寸。

7-5 齿轮

班级　　学号　　姓名

已知：两实心式圆柱齿轮，齿轮模数m=3mm，齿数z_1=21，齿数z_2=28，齿宽b=20mm，并制有普通平键轴孔，孔径D_1=20mm，直径D_2=25mm，1:1画出两齿轮的啮合图，并标注中心距。

八、零件工作图

8-1 表面粗糙度

班级　　　　学号　　　　姓名

1. 回答问题:

$\sqrt{}$ 表示 ______

$\sqrt{}$ (with circle) 表示 ______

$\sqrt{25}$ 表示 ______

$\sqrt{3.2}$ 表示 ______

Ra 表示 ______

2. 仔细查看图中的错误，将正确的画在右面。

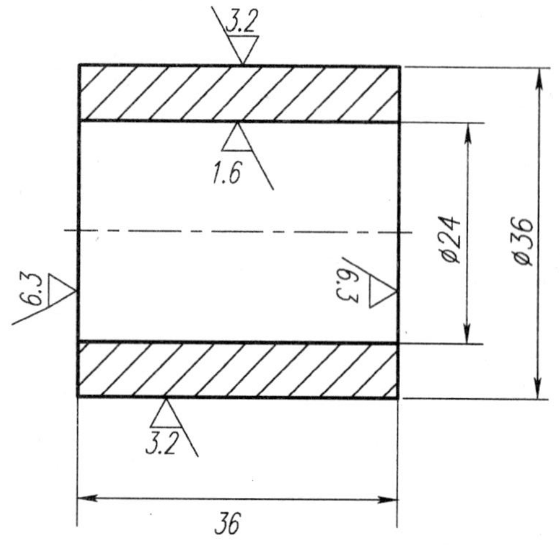

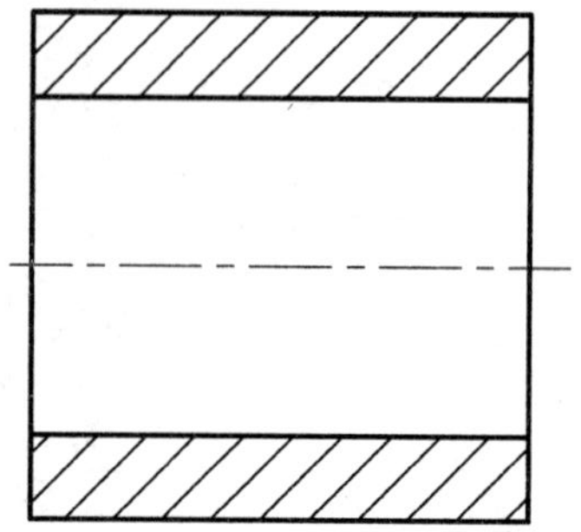

3. 将各零件的表面粗糙度按要求标注在图中。

(1)

表面	表面粗糙度
A	1.6
B	3.2
C	6.3
其余	12.5

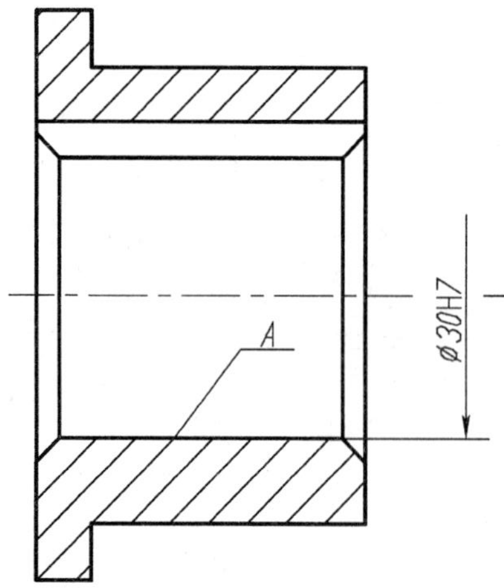

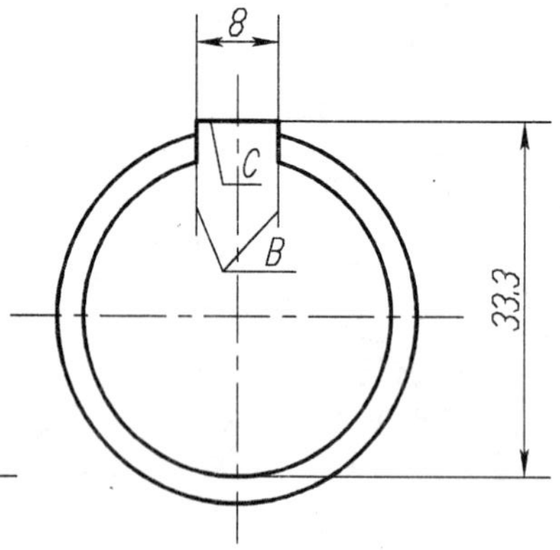

(2)

表面	表面粗糙度
A	0.4
B	1.6
C	6.3
D	3.2
其余	12.5

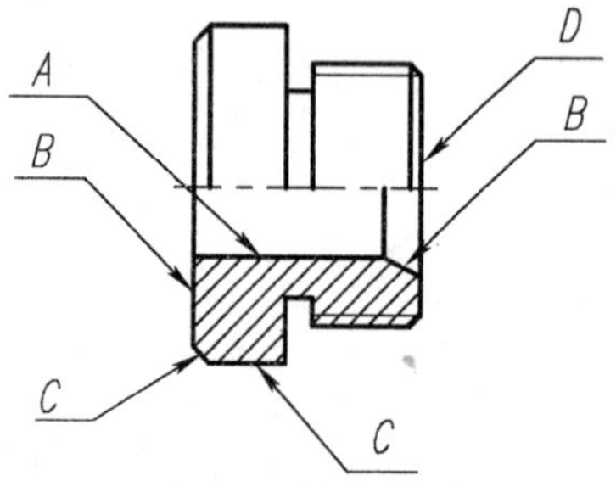

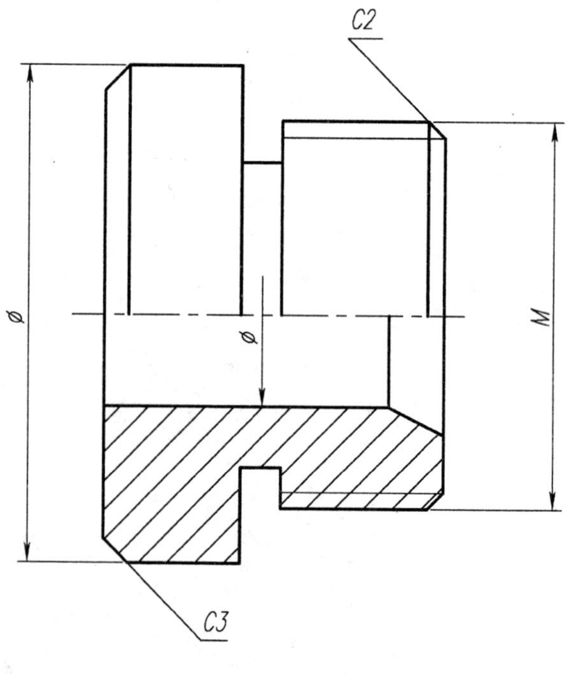

1. 查出各个尺寸极限偏差值并填入零件图中。

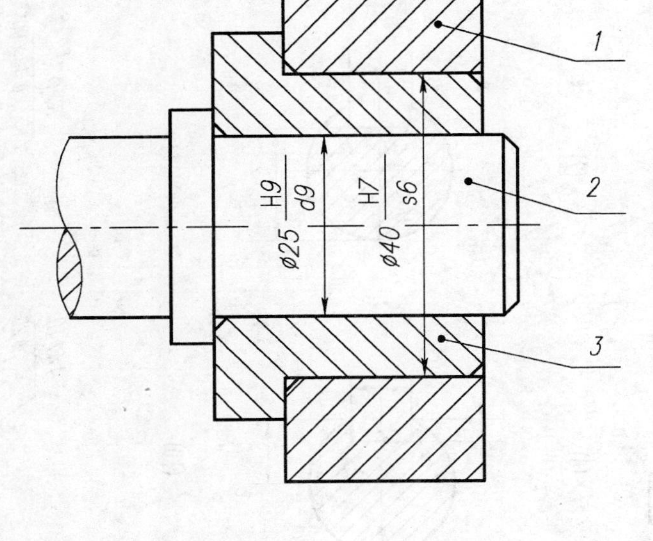

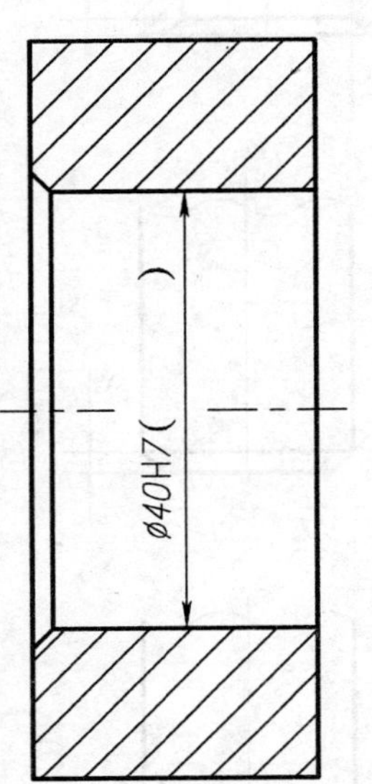

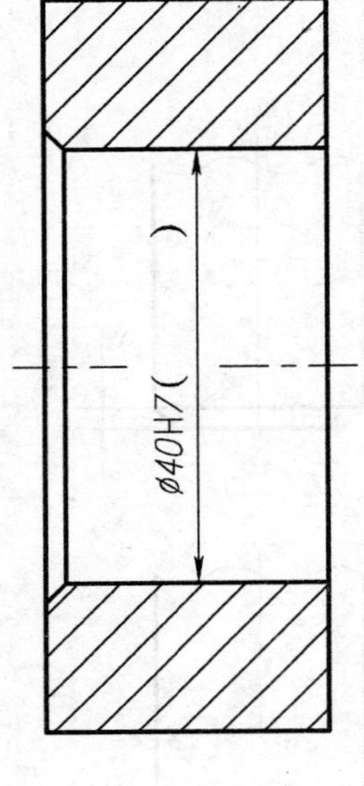

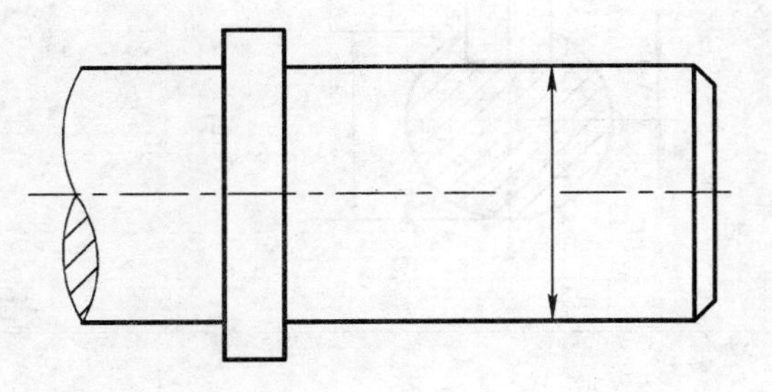

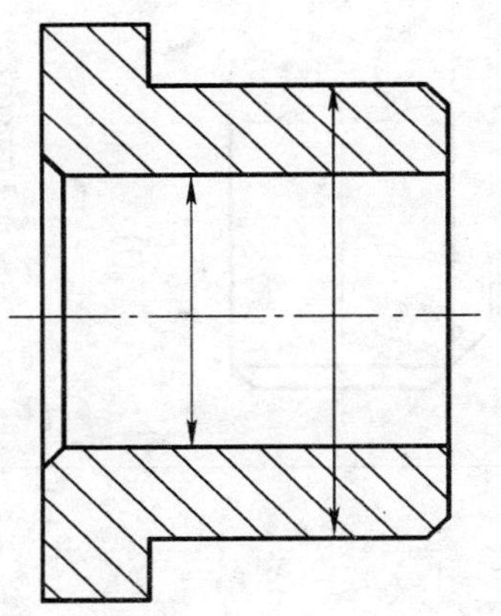

2. 画公差带图。

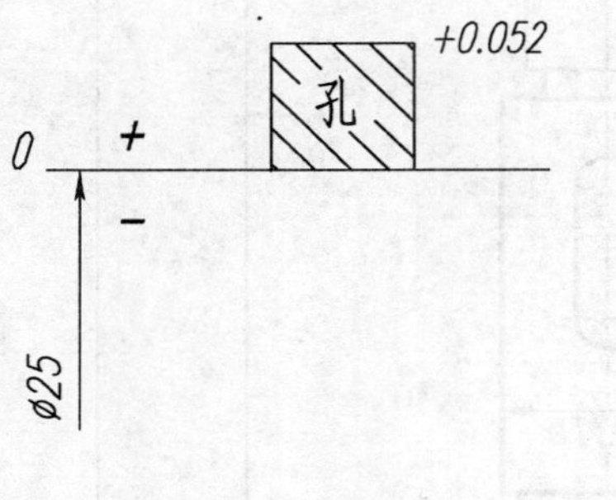

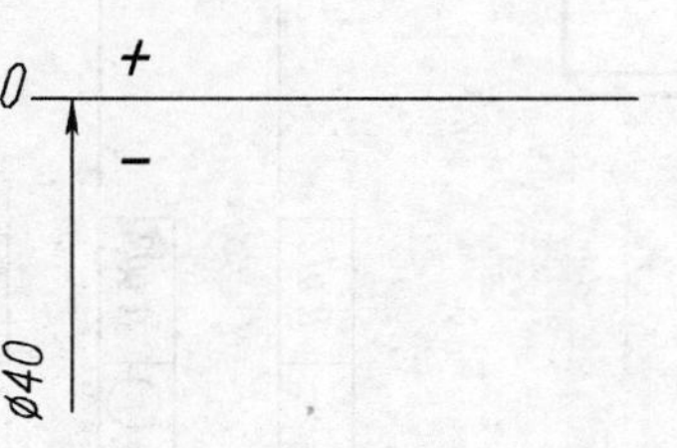

3. 填表。

ø25 H9/d9 为基_制，____配合。			ø40 H7/s6 为基_制，____配合。		
	孔	轴		孔	轴
基本尺寸	ø25		基本尺寸		
最大极限尺寸			最大极限尺寸		
最小极限尺寸			最小极限尺寸		
上偏差			上偏差		
下偏差			下偏差		
公差			公差		
最大间隙			最大过盈		
最小间隙			最小过盈		

8-3 标注问题

班级　　　学号　　　姓名

1. 查出各个尺寸极限偏差值并填入零件图中。

2. 用文字说明图中形位公差代号的含义。

3. 指出下列结构尺寸标注的正误（正确的画 √，错误的画 ×）

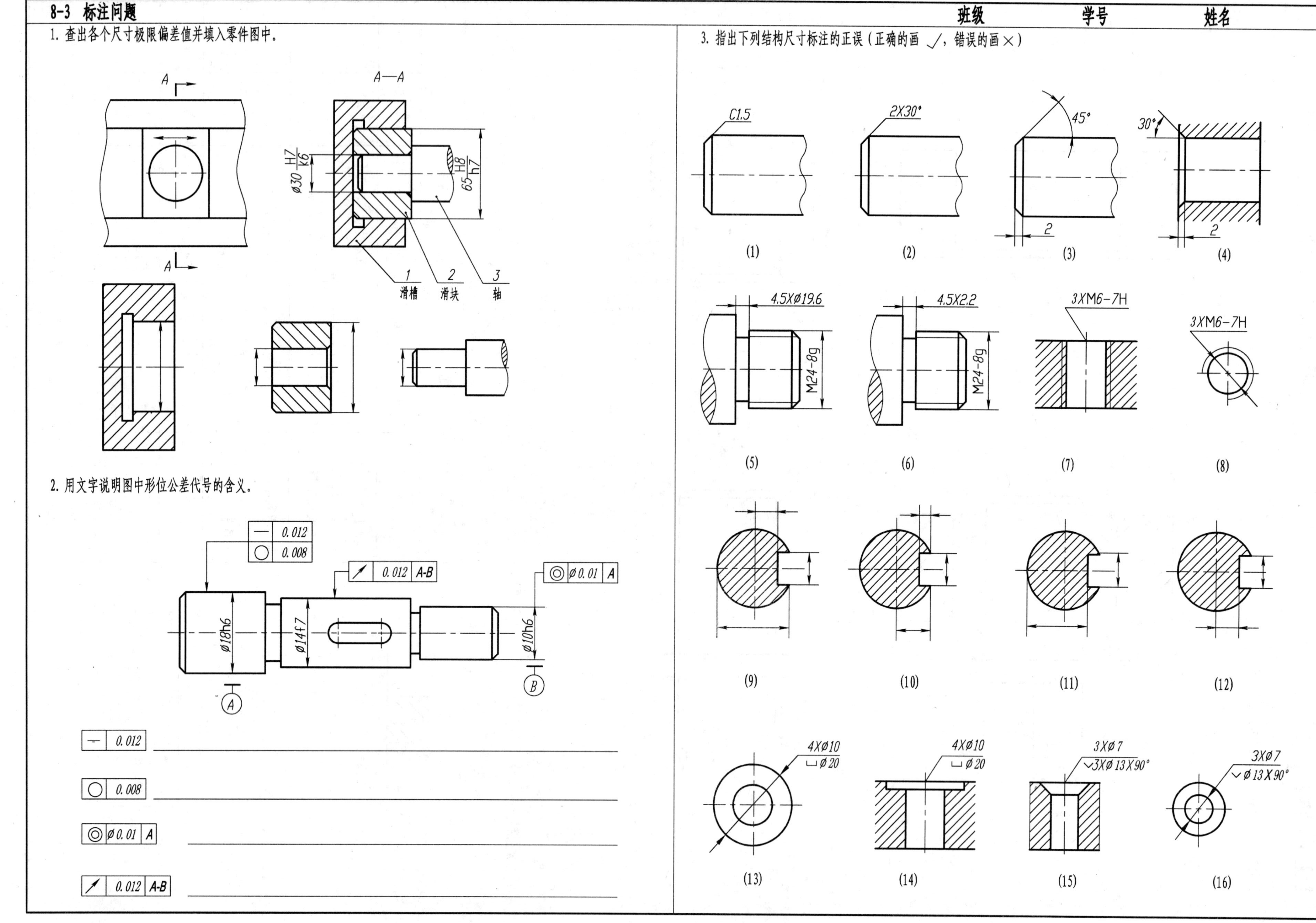

8-4 读零件图

班级　　　　学号　　　　姓名

1. 读套筒零件图，用"△"指出径向和轴向尺寸的主要基准，并在指定位置画出移出断面图。

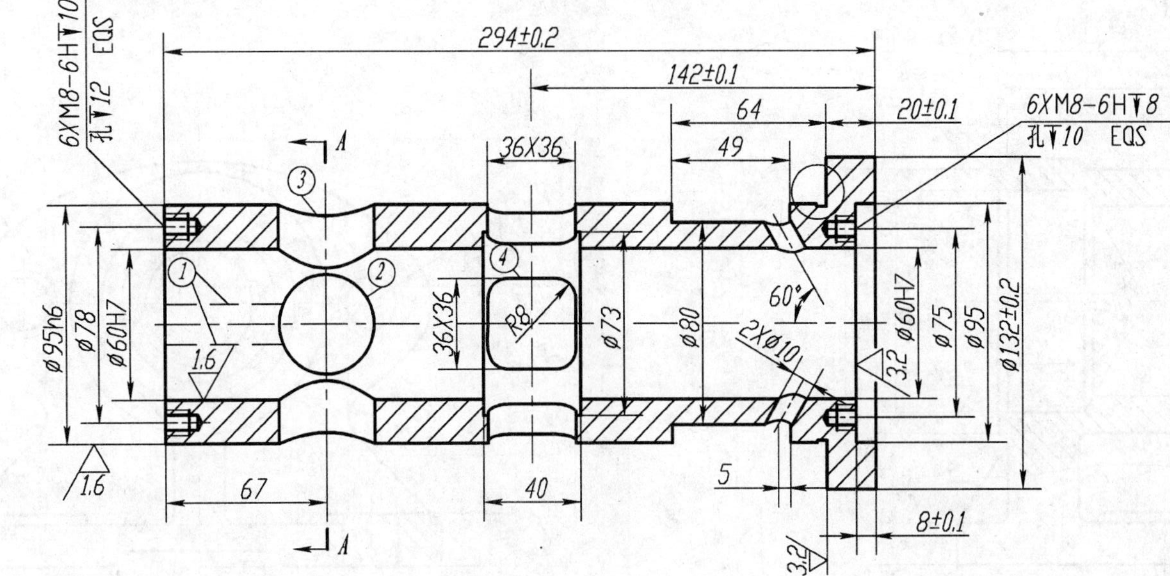

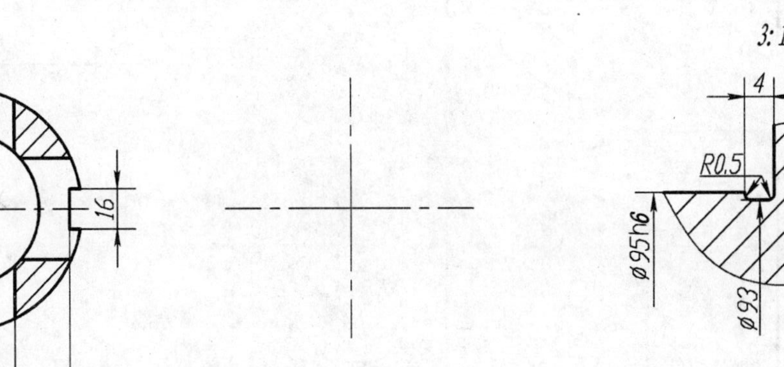

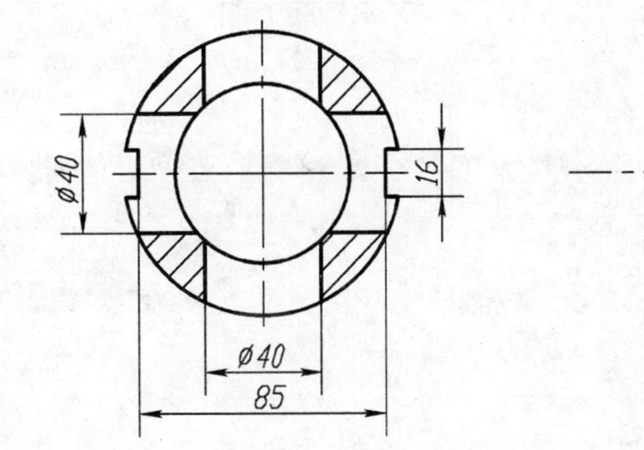

(1) 该零件为______类零件，主视图符合零件的______位置。

(2) 除主视图外，采用________图表示__________；采用________图表示________。

(3) 该零件左端面有___个____孔，______为8mm、_____深10mm、_____深12mm。

(4) φ95h6圆柱面的表面粗糙度用______材料的方法获得，R_a的上限值为______。

(5) 查表确定极限偏差：
φ95h6(　　　　　)、φ60H7(　　　　　)。

(6) 外圆柱面φ132mm±0.2mm最大可加工成_______，最小可为_______，公差为______。

(7) 图中标有①的部位，所指两条虚线的距离为______。

(8) 图中标有②的直径为_______，表面粗糙度R_a的上限值为_______。

(9) 图中标有③的曲线是_______与_______相交形成的_______。

(10) 图中标有④的线框，其定形尺寸是________，定位尺寸是________。

8-4 读零件图（续） 班级 学号 姓名

2. 读泵体零件图，回答问题：

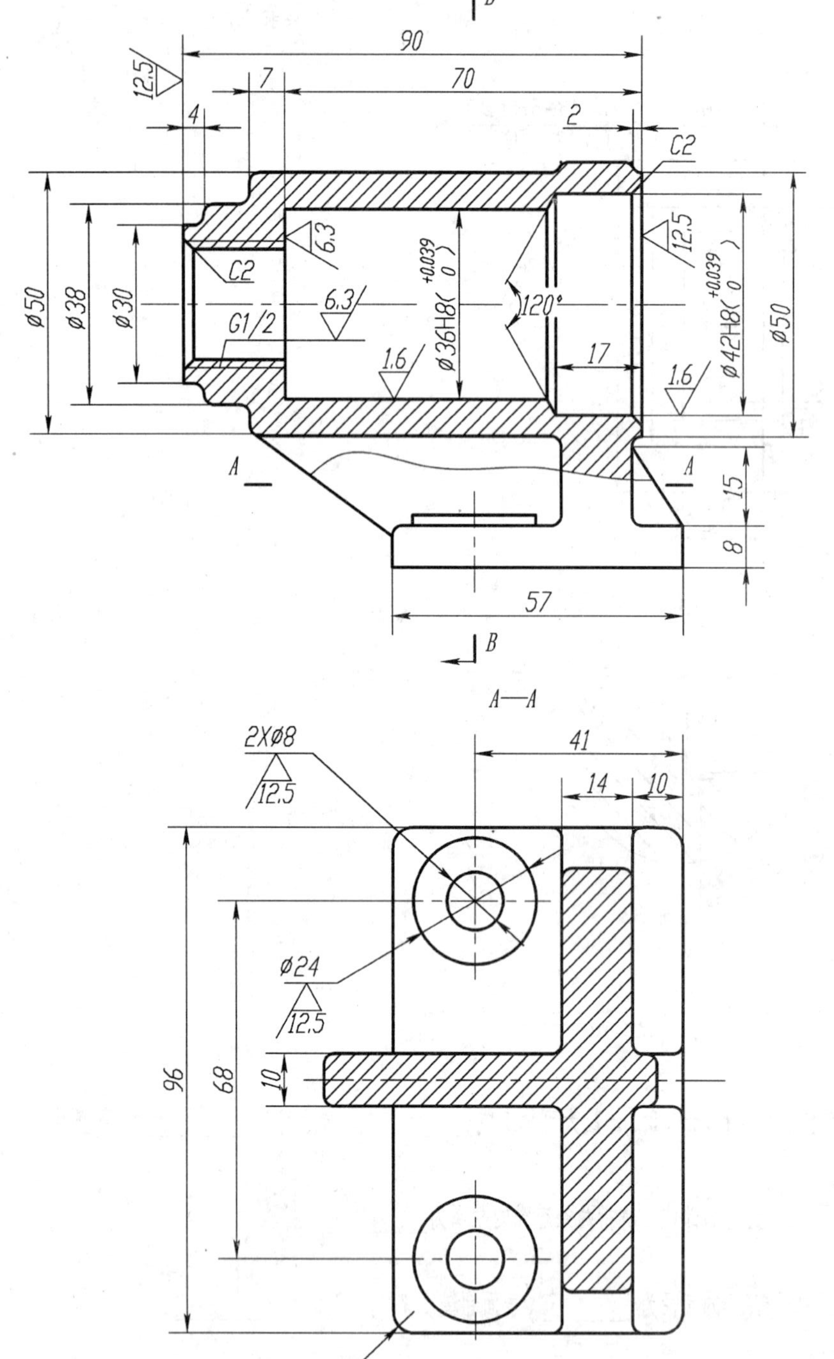

技术要求

1. 铸件不得有砂眼，气孔。
2. 未注圆角均为$R2$。

1. 主视图采用________表达方法。

2. 在俯视图中找出两个定位尺寸__________和两个定形尺寸__________。

3. 零件左端螺纹标注G1/2是表示____螺纹，大径为________。

4. Ø36H8(　　)的基本尺寸是____，公差等级____，基本偏差代号是____，最大、最小极限尺寸分别是__________。

5. 图中C2表示________________。

6. 补注出零件图中所缺的定位尺寸。

7. 画出B—B剖视图。

9-1 画装配图

班级　　学号　　姓名

1. 读联轴器零件图，用A2白图纸按2:1拼画装配图。

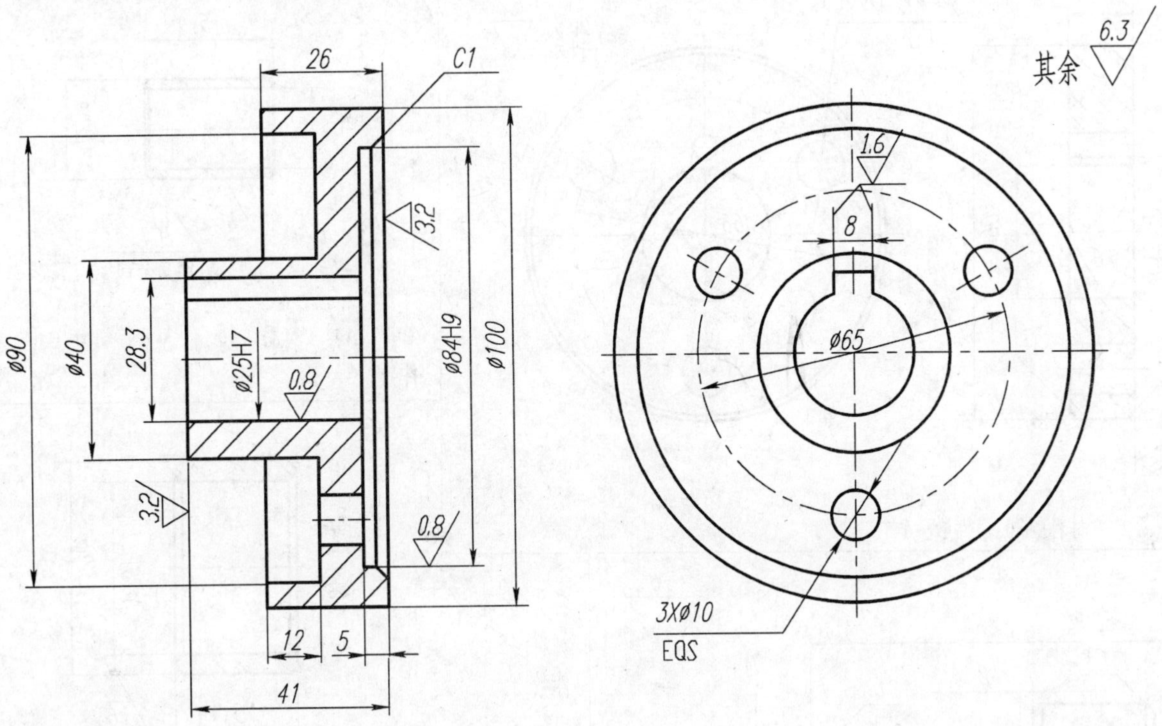

技术要求:
零件所有锐边倒钝

名称：左半联轴器
材料：Q235A
数量：1

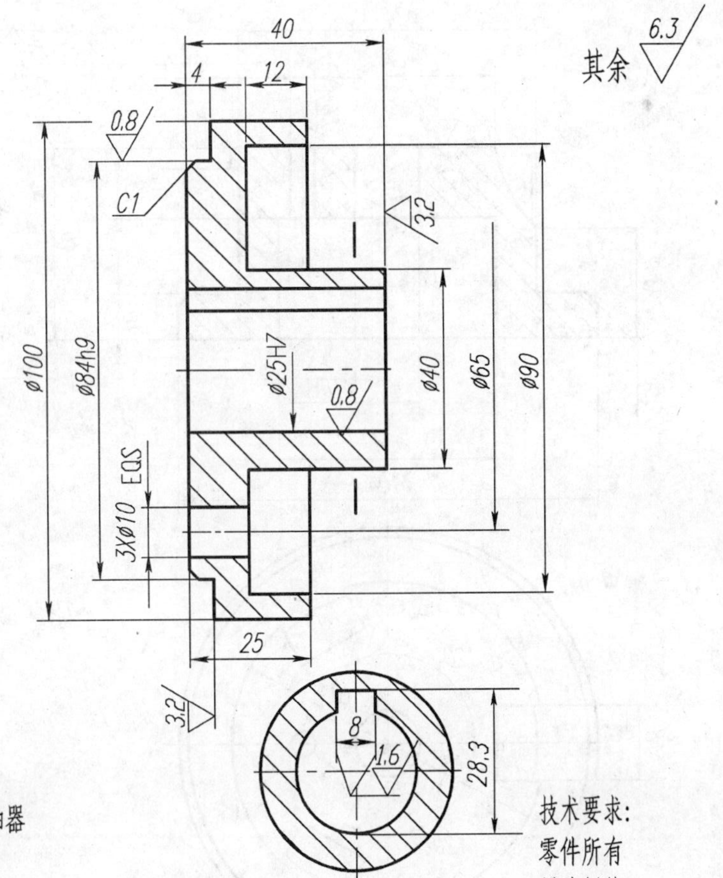

名称：右半联轴器
材料：Q235A
数量：1

技术要求:
零件所有
锐边倒钝

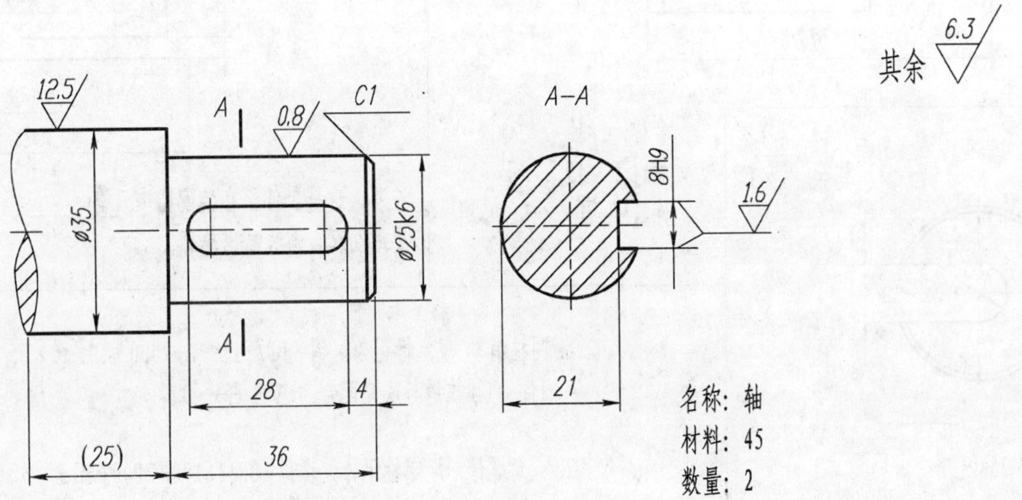

名称：轴
材料：45
数量：2

标 准 件

1. 六角头螺栓　规定标记为：螺栓 GB/T5780—2000 M8×35　数量 3
2. 六角螺母　规定标记为：螺母 GB6/T6170—2000 M8　数量 3
3. 圆头普通平键　规定标记为：GB/T1096—2003 键8×7×28　数量 2
（键与键槽配合为：8JS9）
4. 平垫圈　规定标记为：垫圈 GB/T97.1—2002 8　数量 3

9-1 画装配图(续)　　班级　　学号　　姓名

2. 根据钻模零件图，用A2白图纸按2:1画装配图。

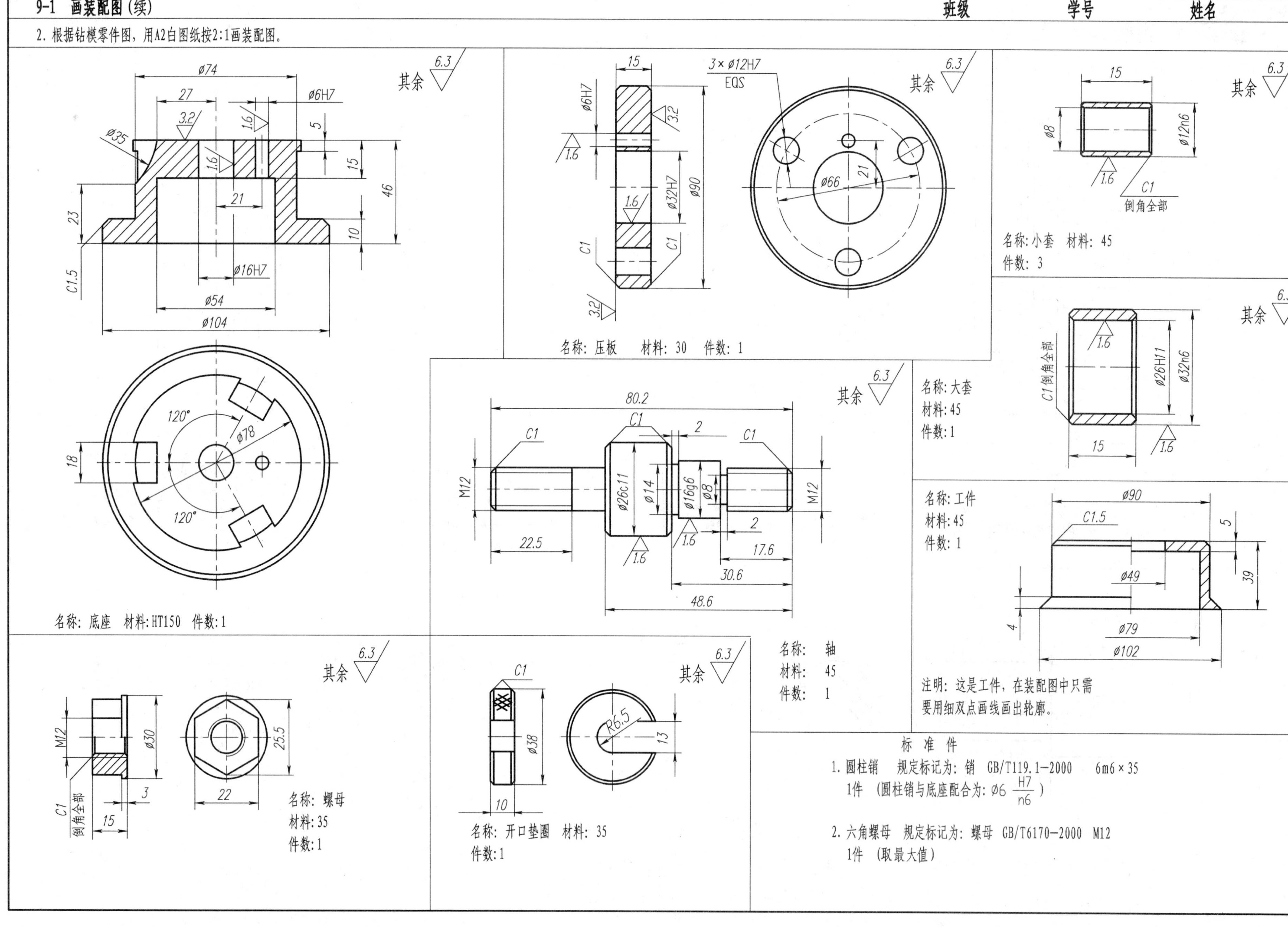

标　准　件

1. 圆柱销　规定标记为：销　GB/T119.1—2000　6m6×35
　1件　(圆柱销与底座配合为：$\phi 6\ \frac{H7}{n6}$)

2. 六角螺母　规定标记为：螺母　GB/T6170—2000　M12
　1件　(取最大值)

9-2 三维装配与装配图改错

班级　　学号　　姓名

1. 根据钻模零件图,用Inventor三维设计软件，分组进行零件实体造型(任务由组长指定)，再装配成整体，生成分解图。

2. 找出下方装配图中的错误,将正确的画在右边。

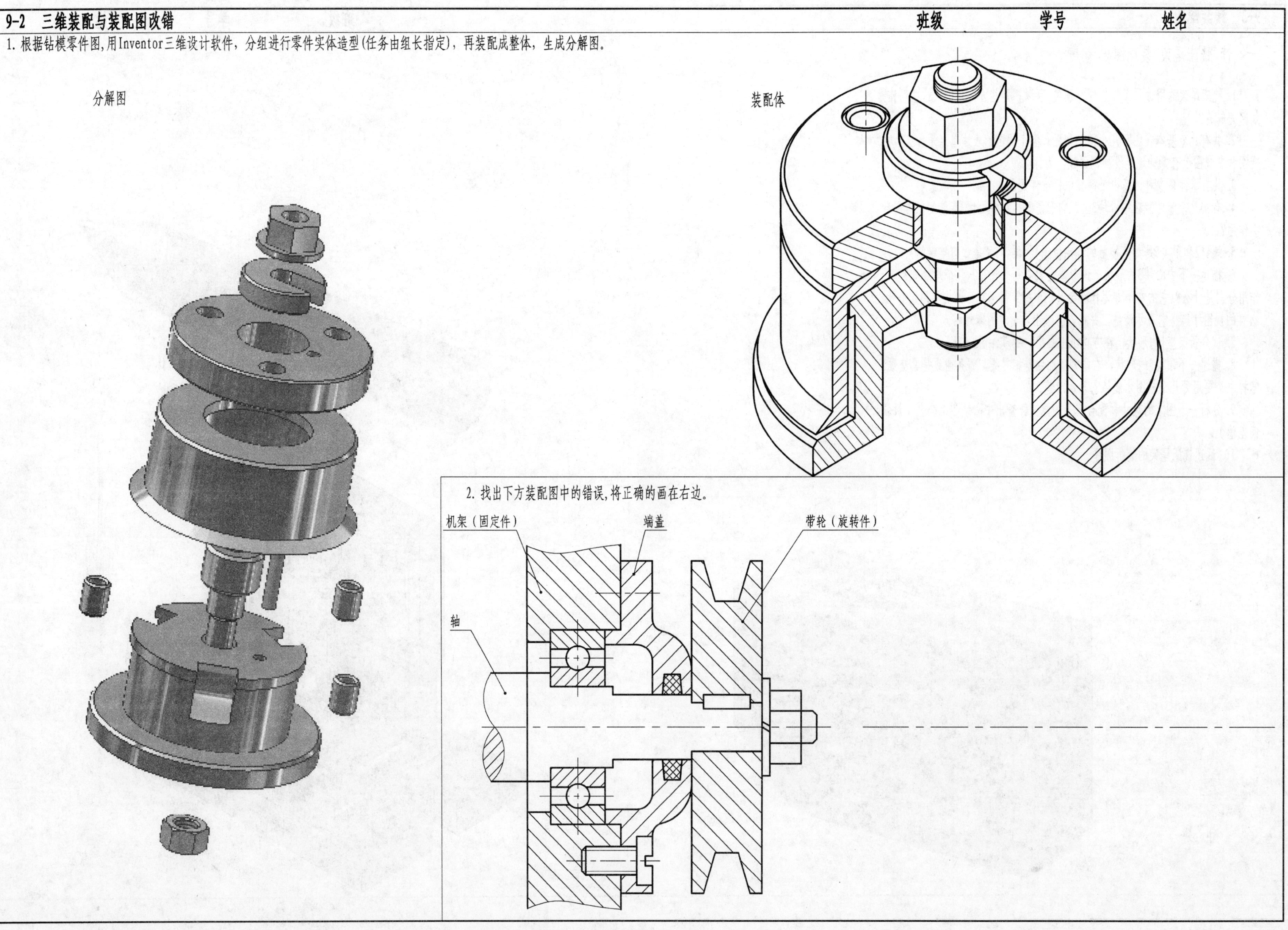

9-3 读装配图

班级　　　　学号　　　　姓名

一、读"铣床尾架"装配图思考题。

1. 铣床尾架的用途及工作原理？顶尖5可以朝哪些方向移动？这些动作是如何完成的？

2. 共有几个基本视图？几个辅助视图？各个视图的表达重点是什么？主视图和左视图上有哪些地方没画剖面线，为什么？

3. 共有零件多少种、多少个，其中标准件又是多少？

4. 有哪几个零件装在中心块3上？它们是怎样和中心块3连接的，各起什么作用？

5. 螺钉2和顶尖5是如何接触的？定位销4和顶尖5又是如何接触的？

6. 描述一下中心块3的形状，该形体上共有几个光孔？几个螺纹孔？其作用分别是什么？它的右下方为什么要开一个槽？想一想，最少要用几个什么样的视图才能将它表示清楚，并在方格纸上画出它的零件图。

7. 试分析架座1的形状，在方格纸上画出它的零件图。

8. 描述一下顶尖5的形状，右端哪条曲线是相贯线，哪条曲线是截交线，怎样求？要用哪几个视图才能将它表示清楚？

9. 分析一下图上的尺寸和配合代号的意义，查出中心块各个公差（极限偏差值）。

10. 试述铣床尾架的装拆顺序。

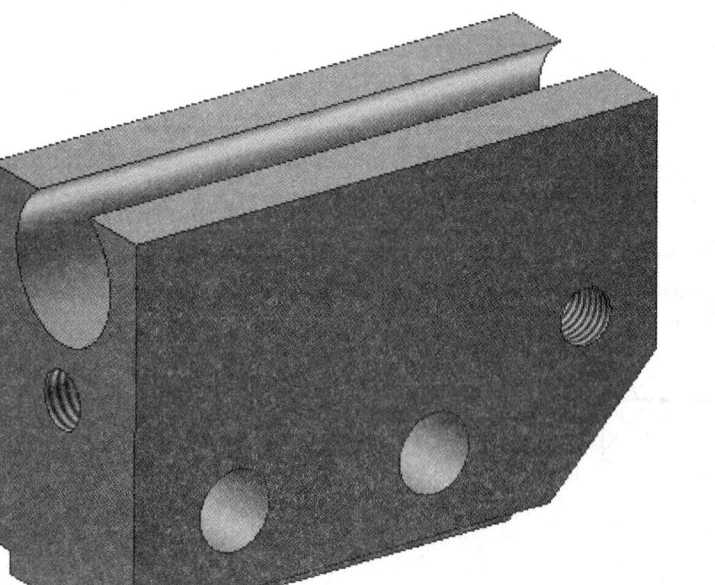
中心块

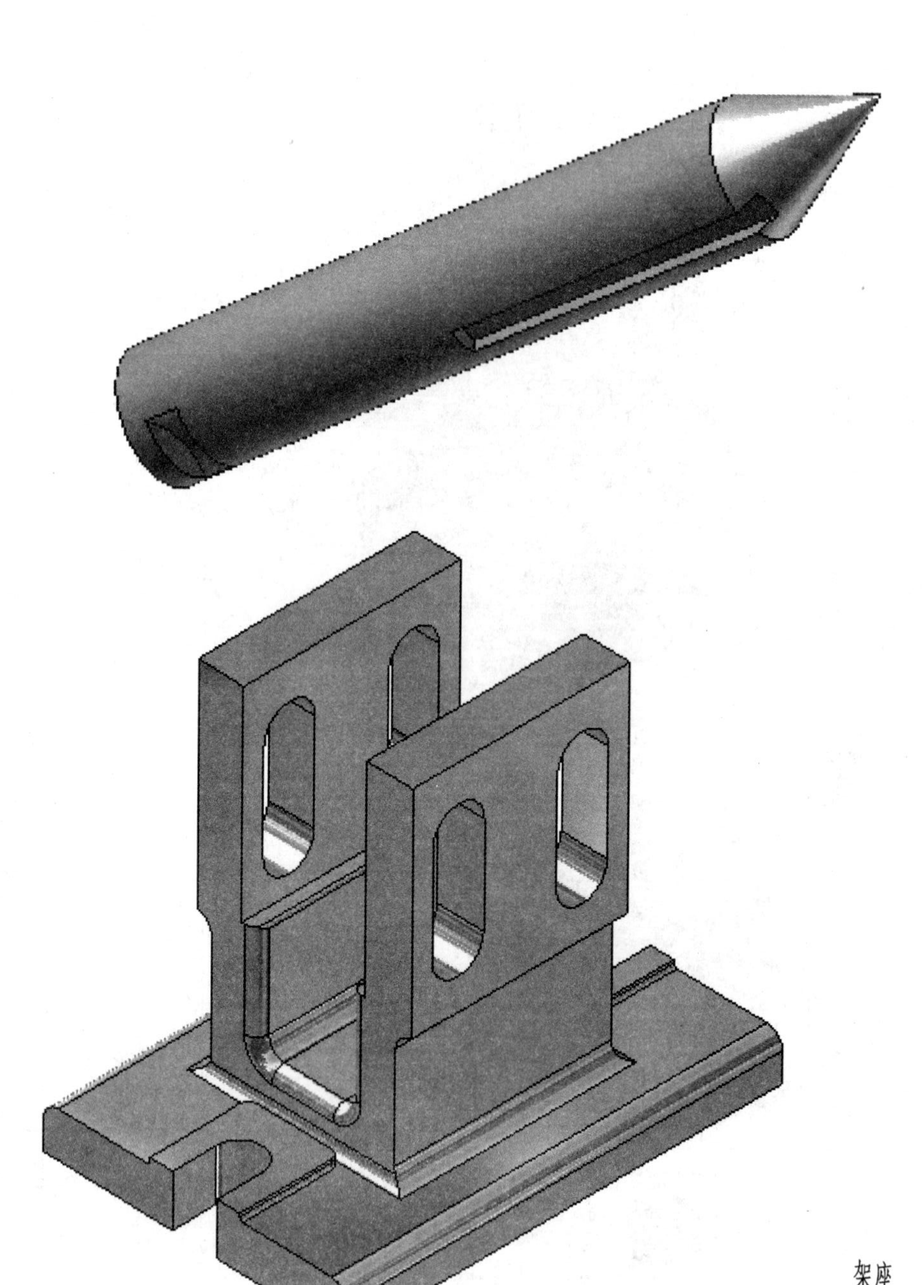
顶尖

架座

二、读铣床尾架装配图并拆画架座、中心块的零件图。

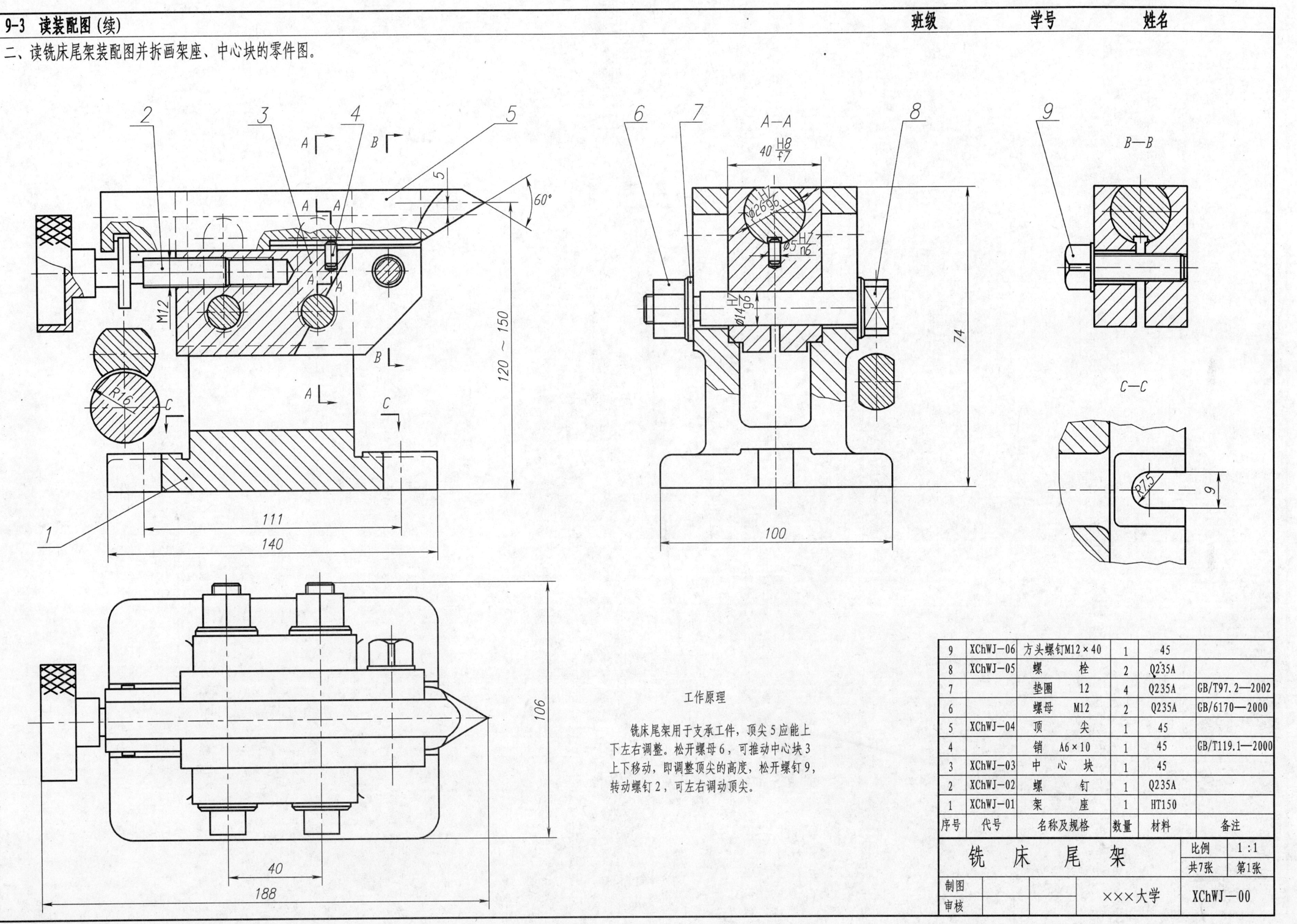

工作原理

铣床尾架用于支承工件，顶尖5应能上下左右调整。松开螺母6，可推动中心块3上下移动，即调整顶尖的高度，松开螺钉9，转动螺钉2，可左右调动顶尖。

序号	代号	名称及规格	数量	材料	备注
9	XChWJ—06	方头螺钉M12×40	1	45	
8	XChWJ—05	螺　栓	2	Q235A	
7		垫圈　12	4	Q235A	GB/T97.2—2002
6		螺母　M12	2	Q235A	GB/6170—2000
5	XChWJ—04	顶　尖	1	45	
4		销　A6×10	1	45	GB/T119.1—2000
3	XChWJ—03	中　心　块	1	45	
2	XChWJ—02	螺　钉	1	Q235A	
1	XChWJ—01	架　座	1	HT150	

铣　床　尾　架		比例	1:1
		共7张	第1张
制图	×××大学	XChWJ—00	
审核